Quintessência

Integrando Gestão & Governança

Dados Internacionais de Catalogação na Publicação (CIP)
(Jeane Passos de Souza – CRB 8ª/6189)

Gimael, Rubens
    Quintessência: integrando gestão & governança / Rubens Gimael. –
São Paulo: Editora Senac São Paulo, 2017.

    Bibliografia
    ISBN 978-85-396-1312-0

    1. Gestão de empresas: Desenvolvimento organizacional 2. Cultura organizacional I. Título.

17-589s   CDD-658.406
                                                                 BISAC BUS000000
                                                                        BUS020000

Índice para catálogo sistemático:
1. Gestão de empresas: Desenvolvimento organizacional   658.406

Quintessência

Integrando Gestão & Governança

RUBENS GIMAEL

Editora Senac São Paulo – São Paulo – 2017

ADMINISTRAÇÃO REGIONAL DO SENAC NO ESTADO DE SÃO PAULO
Presidente do Conselho Regional: Abram Szajman
Diretor do Departamento Regional: Luiz Francisco de A. Salgado
Superintendente Universitário e de Desenvolvimento: Luiz Carlos Dourado

EDITORA SENAC SÃO PAULO
Conselho Editorial: Luiz Francisco de A. Salgado
 Luiz Carlos Dourado
 Darcio Sayad Maia
 Lucila Mara Sbrana Sciotti
 Luís Américo Tousi Botelho

Gerente/Publisher: Luís Américo Tousi Botelho
Coordenação Editorial/Prospecção: Dolores Crisci Manzano e Ricardo Diana
Administrativo: grupoedsadministrativo@sp.senac.br
Comercial: comercial@editorasenacsp.com.br

 Edição e Preparação de Texto: Adalberto Luís de Oliveira
 Revisão de Texto: Kimie Imai
 Capa, Projeto Gráfico e Editoração Eletrônica: Bruno Thofer e Larissa Ohori – Agência Nortearia
 Impressão e Acabamento: Inpress

Proibida a reprodução sem autorização expressa.
Todos os direitos reservados a
EDITORA SENAC SÃO PAULO
Rua 24 de Maio, 208 – 3º andar – Centro – CEP 01041-000
Caixa Postal 1120 – CEP 01032-970 – São Paulo – SP
Tel. (11)2187-4450 – Fax (11)2187-4486
E-mail: editora@sp.senac.br
Home page: http://www.livrariasenac.com.br

© Editora Senac São Paulo, 2017

Sumário

Nota do editor 07
Apresentação 09
Agradecimentos 11

Introdução 13

Um novo olhar para as organizações 18
    O poder das ideias 20
    Observar e conceituar 26
    Quintessência: compreendendo a organização como um todo 30

Esfera do Núcleo Estrutural 34
    Uma metáfora sobre a esfera do Núcleo Estrutural 36
    O fogo sutil dos Propósitos 39
    Da gravidade e da levidade 41
    As quatro dimensões do Núcleo Estrutural 47
    O pulsar das organizações 50
    Componentes das dimensões do Núcleo Estrutural 54
    As relações no centro do Núcleo Estrutural 60
    Vínculo homem-organização 65

Esfera das Forças Estruturantes 74
    Uma metáfora sobre as Forças Estruturantes 76
    As Forças Estruturantes: pautando, gerindo e integrando o Núcleo Estrutural .. 80
    As três Forças Estruturantes 84
        O Capital 84
        O Poder 88
        A Cultura 94
    Forças Estruturantes – gerando o ambiente organizacional 99

A aplicabilidade da Quintessência para questões-chave 102

    Dinâmicas do universo interno 104

        Dilemas nas polaridades no âmbito do Núcleo Estrutural 106

        Dilemas nas tripolaridades das Forças Estruturantes 108

        Quintessência, no todo e em cada parte da organização 109

    Dinâmica com o universo externo 113

        Relativa ao âmbito do Núcleo Estrutural 113

        Relativa às Forças Estruturantes 119

    Reputação e branding – lidando com o universo externo 120

    Governança corporativa 124

    Fases do desenvolvimento organizacional 129

        Fase pioneira 131

        Fase diferenciada 133

        Fase integrada 136

        Fase associativa 138

    O processo decisório a partir da Quintessência 142

        Aspecto processual 145

        Aspecto estrutural 150

Conclusão 155

Anexos 159

    Arquétipos 159

    O pensar / o sentir / o querer 162

Bibliografia 166

Nota do editor

O conceito do que é uma empresa e de como ela deve ser gerenciada tem mudado sempre que há necessidade de responder a novas demandas sociais, econômicas, ou a maneira de ver a realidade. De uma visão mecanicista do mundo, e, portanto, de uma organização – em que os fatos são explicados como ações de fatores meramente mecânicos, e a "máquina" é metáfora de como as coisas devem funcionar –, passando por uma compreensão sistêmica – em que importa compreender que as partes integram um todo maior – e posteriormente por uma visão biológica e orgânica – sendo a empresa considerada como um organismo vivo, num contexto bem mais amplo –, as formas de gestão organizacional vêm se tornando bastante complexas.

O que Rubens Gimael desenvolve aqui é uma abordagem sutil. A partir de sua experiência como executivo, empresário e consultor, e baseado em conceitos arquetípicos ligados à Antroposofia, sua proposta considera que os aspectos não físicos têm papel fundamental na constituição de um empreendimento. Assim, o delicado equilíbrio entre forças como *capital*, *poder* e *cultura*, bem como sua influência nas outras dimensões da empresa, como a de seus *propósitos*, suas *estratégias*, *operações* e *realizações*, pode ser determinante para o sucesso e a longevidade do negócio. E saber gerir essas forças é condição indispensável para líderes e para a saúde de qualquer empreendimento.

Lançamento do Senac São Paulo, *Quintessência: integrando gestão & governança* é destinado não só a empresários e executivos mas também aos demais profissionais que atuam no universo organizacional, para que, como um mapa, os ajude a ter a visão do todo e a traçar rotas mais precisas nesse território cada vez mais complexo e instável que é a nossa sociedade atual.

Apresentação

Há alguns anos, quando Rubens Gimael participou do nosso Programa para Formação de Liderança e Consultores com base antroposófica, não imaginei que os conceitos que me orientavam e ainda orientam a mim e aos demais sócios da Adigo iriam ressoar de forma tão profunda a ele. Mais que isso, Rubens acabou se tornando um amigo e um parceiro instigante, assertivo e competente em projetos e trabalhos em comum, como membro ativo do EcoSocial, uma causa que nos une.

Admiro como Rubens foi além do que ouviu e viu na sua formação e nos programas de aprofundamento que fez conosco. Com tenacidade ele pesquisou, estudou, aprofundou, testou, estressou, discutiu com colegas e trouxe à luz, com a qualidade das almas nobres, o conceito da *quintessência* para o mundo organizacional, que, sem dúvida, é um acontecimento e uma grande contribuição para aqueles que não querem ir só até onde suas inteligências os levam.

Este trabalho é um acontecimento no panorama da literatura corporativa que trata dos temas de gestão e governança, a partir de uma abordagem integrativa. As organizações já nos foram apresentadas e descritas através de uma infinidade de teorias e abordagens, mas esta obra tem a qualidade de mostrar de forma simples o que é a força da quintessência, qual seu papel e como ela opera em uma organização, uma força que é invisível, mas que está sempre presente e à disposição daqueles que a captam pela razão e pela intuição.

Trata-se de uma leitura que se revela bela e profunda, à medida que o leitor se permita navegar em suas imagens, abordagens e referências. Com sensibilidade e objetividade, Rubens procura mostrar os lados visíveis e invisíveis das organizações que a literatura voltada para os temas de gestão e liderança tradicional não vê ou não quer ver, mas que a cada dia se revelam fundamentais para os tempos de ruptura que estamos vivendo. Tempos estes em que o equilíbrio entre crescimento, no que se refere aos aspectos quantitativos, e desenvolvimento, no que se refere aos aspectos qualitativos, é condição necessária para que tenhamos cada vez mais líderes e organizações saudáveis que querem fazer diferença para o futuro.

Com certeza será uma boa leitura para aqueles que se sentiram chamados para o tema!

Jair Moggi
Consultor de empresas, fundador e primeiro
presidente do EcoSocial

Agradecimentos

Em 2000, assisti a uma palestra que teve profundo impacto na forma como até então eu via e compreendia as organizações. Nela, Jair Moggi – que veio a se tornar, além de mestre, um amigo – apresentou uma maneira estruturada de se perceber e, por conseguinte, administrar as empresas por meio da chamada "quadrimembração organizacional". Intrigado por esse conceito, iniciei uma jornada em busca da ampliação do seu significado. Eu, que já atuava como *coach*, passei a tê-lo como uma das bases de meu trabalho.

O ponto em que estou hoje é o da finalização deste livro, absolutamente ciente de que não se trata de um ponto-final, mas tão somente de um momento de pausa, e de celebração, para poder continuar avançando. Aliás, o caminho da escrita foi, em si, uma revigorante sucessão de encontros com novas ideias e novos conceitos, mas foi, sobretudo, de encontro com pessoas.

Os melhores conceitos, assim como as pessoas, não são apreensíveis à primeira vista. Pode-se até ter simpatia por eles logo no início, mas para conhecê-los é preciso disposição para conceder-lhes o espaço necessário para que possam se revelar. Há que se suspender os julgamentos, silenciar a mente, para vê-los e ouvi-los com interesse, serenidade e isenção.

Dessa forma, ao longo dos cinco anos em que escrevi este livro, busquei estar atento a todos com quem convivi e a todos sou grato. Desde os clientes, que apostaram e investiram em novas formas de consultoria e *coaching*, até os membros do EcoSocial, que me apoiaram, me questionaram e me encorajaram em inúmeras ocasiões, nesta organização da qual tenho muito orgulho de fazer parte. Também sou grato aos membros honorários do EcoSocial e aos colegas da Association for Social Development (ASD), pelas ideias inspiradoras e provocativas. Sem esquecer minha *coach* Mary Butler, por me ajudar a lidar com meus sonhos e medos.

Não poderia deixar de agradecer, ainda, aos profissionais que colaboraram com o desenvolvimento do livro, como Martin Gonçalves, Lorena Bittar e a dupla Bruno Thofer e Larissa Ohori, que, como *designers* gráficos, fizeram um trabalho primoroso, bem como ao time da Editora Senac, pelos retoques, releituras e concretização final do projeto.

E, principalmente, sou grato aos membros de minha família, os quais tiveram a paciência de ouvir minhas ideias e a generosidade de sugerir melhorias. De todos, destaca-se minha querida esposa e companheira de vida, Patrícia, por me apoiar, inspirar e dar ricas sugestões.

A todos agradeço e, por meio deste trabalho, espero ter contribuído para ampliar o conhecimento sobre as organizações e como geri-las de modo mais eficiente, a fim de que, enquanto cidadãos do mundo, possamos ser mais prósperos e membros de uma sociedade mais sadia.

Introdução

O Museu Nacional Germânico, em Nuremberg, tem como uma de suas preciosidades o mais antigo globo terrestre de que se tem registro, feito, em 1492, pelo explorador Martin Behaim e pelo pintor Georg Albrecht Glockenthon. Além de ser, em si, uma relíquia, o que mais chama atenção é que se trata de um globo em que não aparecem as Américas – que seriam descobertas por Colombo naquele mesmo ano –, nem a Oceania. Nele, a Terra é retratada como uma perfeita esfera, indicando um território bem menor que o real, em que apenas um mar chamado *Oceanus Orientalis* separava a Europa da Ásia. Mesmo Colombo, que realizou quatro expedições às Américas, morreu com a certeza de ter navegado por esse único oceano e alcançado as Índias. Por seu espírito aventureiro, provavelmente ele ousou navegar usando um mapa reconhecido por poucos como sendo verdadeiro, que tinha basicamente as mesmas noções geográficas do Globo de Nuremberg.[1] Ele viveu e fez suas expedições naquele pequeno mundo que acreditava ser toda a Terra.

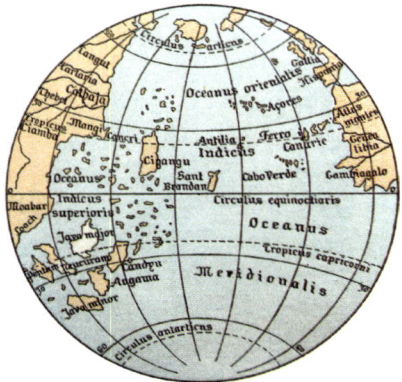

Figura 1. O Globo de Nuremberg, também conhecido como "Maçã do Mundo", construído, em 1492, por Martin Behaim e Georg Albrecht Glockenthon.

---

[1] Disponível em http://www.smithsonianmag.com/history/did-this-map-guide-columbus-180955295.

> Os instrumentos de navegação foram um fator determinante para que os exploradores dos séculos XV e XVI pudessem expandir as fronteiras do mundo até então conhecido. Dentre eles, destacam-se o astrolábio e a tábua astronômica, que permitiram singrar "mares nunca dantes navegados", orientados pelo posicionamento das estrelas, não mais por pontos geográficos terrestres. A mudança de perspectiva sobre a orientação diante do novo os levou a navegarem a partir de elementos remotos como as estrelas, transformando de modo concreto o seu atuar no mundo. Tal base científica nos âmbitos da astronomia, náutica e oceanografia permitiu que Portugal, na célebre Escola de Sagres, se destacasse por mais de um século como uma potência mundial, tendo relevante papel comercial e cultural por seu intercâmbio com a América do Sul, a África e o Oriente.
>
> O registro das rotas navegadas passou a incorporar a referência astronômica, dando início a uma apurada cartografia, com os chamados portulanos, mapas considerados patrimônio nacional por sua importância estratégica e que deveriam ser defendidos a todo custo para que não caíssem nas mãos dos reinos rivais.

  Os mapas desde sempre foram de grande importância para a humanidade. Mas, afinal, o que é um mapa? É uma representação gráfica, em escala reduzida, das características de determinada área, com suas respectivas formas, tamanhos e relações. Assim, podemos compreendê-lo como a tradução da realidade complexa em uma construção esquemática. A partir dessa definição, constatamos que utilizamos em nosso cotidiano diversos tipos de mapas. Além do mapa geográfico, temos o astronômico, ambos presentes desde a mais remota antiguidade, orientando os homens em seus deslocamentos. Entretanto, existem outros mapas, que foram surgindo ao longo do tempo e são igualmente fundamentais. Um deles é o registro da escrita, no qual se estabeleceu a correlação entre os sons de uma língua com determinados caracteres gráficos. Sem isso, não teríamos nos desenvolvido como civilização. Outro exemplo é uma das formas de registro mais geniais, a partitura, na qual se conseguiu transcrever em símbolos gráficos algo maravilhoso e cheio de sutilezas como a música, o que tem permitido a transmissão dessa arte por várias gerações.

  Mas, além desses, há também mapas internos. Um dito budista diz que "**o mundo se configura conforme você o vê**". Isto é, cada um de nós vive em um mundo que construiu a partir de suas percepções e crenças, usando o que imaginamos ser a realidade como um mapa interno, que nos orienta na jornada da vida. Mapas assim guiam nosso agir tanto em relação a aspectos concretos da vida como em outros mais sutis.

Vale notar que empregamos certas expressões para indicar questões intelectuais e emocionais, tais como "buscar uma orientação" ou "estar desnorteado", sem perceber que sua origem é geográfica, conectadas, respectivamente, ao oriente e ao norte.

Hoje, no início do século XXI, muitas pessoas ainda não sabem ler mapas, sejam eles cartográficos, astronômicos, linguísticos, sejam eles musicais. Quando muito, o fazem sem compreender suas regras básicas. O fato é que a maioria se desloca sem muita clareza sobre qual seria o melhor caminho; olha para o céu e vê somente pequenos pontos de luz; fala a língua de sua comunidade, mas é analfabeto – ou tem uma alfabetização funcional –, e, quando toca um instrumento, o faz apenas de ouvido. Vivem imersos nesses universos, porém não entendem seus códigos.

Atuando no mundo organizacional, vejo esse mesmo fenômeno. Conheço alguns empresários que agem com maestria, com pleno domínio sobre seus negócios, mas percebo que a maioria "toca de ouvido" suas empresas. Há executivos pós-graduados na escola da vida organizacional capazes de constatar a realidade dos negócios de modo singular, porém a maior parte tem somente uma alfabetização funcional do ponto de vista da gestão, repetindo padrões sem compreender os conceitos subjacentes à sua prática. Assim como a boa cartografia permitiu que os portugueses evoluíssem da navegação de cabotagem – aquela que se faz próximo ao litoral – para a navegação em alto-mar, o que possibilitou feitos memoráveis, creio que com uma boa cartografia organizacional seja possível melhorar a qualidade de gestão e de governança das organizações, trazendo com isso múltiplos benefícios.

Ao pesquisar sobre qual seria a melhor cartografia organizacional, vê-se que há poucos "mapas-múndi" ou "globos terrestres" que nos auxiliem a navegar, compreender e gerir as organizações. Há inúmeros conceitos que falam de suas partes, mas raramente se mostra o todo e a dinâmica entre elas. A partir de minha experiência como executivo, empresário e consultor, considero que quem melhor tratou de tal abordagem foi o pensador holandês Bernard Lievegoed, que, ao lado de seus colegas do Nederlands Pedagogisch Instituut (NPI) e baseado em conceitos arquetípicos ligados à Antroposofia, criou um ótimo mapa de como são as organizações e suas dinâmicas.

Escrevo este livro com a intenção de oferecer um novo mapa para o mundo das organizações, ainda que não pretenda revelar nenhum outro "continente", mas, sim, uma nova percepção acerca de territórios já conhecidos, porém pouco explorados. De aspectos pouco claros da vida das empresas. Um mapa que, partindo do legado de Lievegoed, traga perspectivas que nos ajudem a compreender e a gerenciar as organizações em sua totalidade.

Entretanto, como escreveu Alfred Korzybski, cientista e filósofo polonês-americano, "o mapa não é o território".[2] Podemos criar mapas cada vez mais precisos, porém eles ainda serão meras representações de algo maior e muito mais complexo, que são os territórios, a realidade manifesta. Um bom mapa é útil, mas não fará de ninguém um viajante, pois somente a forte vontade de conhecer o mundo é que leva alguém a viajar. Da mesma forma, um bom mapa organizacional não fará de ninguém um empreendedor; contudo, se existir o verdadeiro ímpeto para empreender, ele ajudará a caminhar de forma mais segura e objetiva. Assim, convido o leitor a refletir sobre como aperfeiçoar sua empresa a partir do "mapa" da Quintessência, que será revelado ao longo deste livro. Um mapa que procurará delimitar as tênues fronteiras entre gestão e governança. Espero que tal conceito o ajude também a lançar um novo olhar, renovando assim sua atuação no cada vez mais complexo e maravilhoso mundo, ainda pouco explorado, das organizações.

---

[2] Alfred Korzybski, "General Semantics, Psychiatry, Psychotherapy and Prevention" (1941), em Korzybski, *Collected Writings*, 1920-1950. Fort Worth: The Institute of General Semantics, 1990, p. 205.

Um novo olhar para as organizações

Diante de um mundo em rápida transformação há que se lançar um novo olhar para o papel e o significado das organizações no desenvolvimento da sociedade.

O poder das ideias

Em nossa sociedade contemporânea há um grande embate ideológico sobre o papel dos Estados nacionais no desenvolvimento das nações. Alguns consideram que o papel do Estado é central e hegemônico. Outros, como eu, entendem que o Estado, apesar do papel essencial, deve ser o menor possível, ocupando-se da gestão macroeconômica para que haja uma economia saudável e zelando, por meio de acordos internacionais, pela inserção do país nos negócios globais e pela segurança nacional. Nas relações com as organizações, o Estado deve atuar como regulador, oferecendo os estímulos necessários a um ambiente de concorrência leal.

> **Empresa**
> 1. Obra ou desígnio levada a efeito por uma ou mais pessoas; trabalho, tarefa para a realização de um objetivo; empreendimento.
> 2. Organização econômica, civil ou comercial, constituída para explorar um ramo de negócio e oferecer ao mercado bens e/ou serviços.[3]
>
> **Etimologia da palavra empresa**
> A palavra *empresa*, tanto em português como em espanhol, assim como *entrepreneur*, em francês e inglês, procedem do verbo latino *in prehendo-endi-ensum*, que significa descobrir, ver, perceber, dar-se conta de, capturar [...]. Em suma, empresa é sinônimo de ação, sendo que na França, já na Alta Idade Média, se utilizava o termo *entrepreneur* para designar as pessoas encarregadas de efetuar ações importantes, geralmente relacionadas com a guerra, ou de levar a cabo os grandes projetos como a construção de catedrais [...]. Vemos, assim, que o sentido de empresa enquanto ação está necessária e inexoravelmente unida a uma atitude empreendedora, que consiste precisamente em continuamente tentar procurar, descobrir ou criar novos fins e meios para se atingir determinados propósitos.[4]

---

[3] Cf. Dicionário Houaiss da Língua Portuguesa.
[4] Jesús Huerta de Soto, *A Escola Austríaca*, 2. ed. São Paulo: Instituto Ludwig von Mises Brasil, 2010, p. 33.

Tendo o Estado um espaço mínimo necessário, o papel das organizações torna-se cada vez mais relevante, em particular o das empresas privadas, no desenvolvimento da sociedade como um todo. Assim, empresários, executivos e demais gestores de pessoas têm a responsabilidade ampliada. Suas decisões influenciam o destino dos indivíduos que vivem nesse universo, que gradualmente avança para além dos muros das companhias. Nesse atual contexto, com elevado grau de incerteza no cenário econômico nacional e internacional, é premente ampliar a visão sobre as organizações, buscando uma atuação dos líderes mais condizente com esse papel ampliado. Entretanto, ainda há pouca reflexão sobre o que é uma empresa e como nós a consideramos.

Assistimos, durante as últimas décadas, a uma relevante transformação na forma de se compreender as organizações. Desde a Revolução Industrial, a visão mecanicista teve papel fundamental na estruturação e na ordenação do universo empresarial. Por sua natureza objetiva e quantitativa, a Revolução Industrial possibilitou um enorme salto de produtividade nas fábricas e nos escritórios. Essa visão, que é muito adequada ao se tratar dos aspectos físicos e mecânicos dos objetos, como das máquinas, dos equipamentos e dos processos, tende a levar a uma compreensão estanque e fragmentada das demais dinâmicas que ocorrem numa organização e a considerar toda e qualquer coisa – independentemente de serem máquinas, plantas, animais ou empresas – como se fosse composta de engrenagens que, quanto mais precisas e azeitadas, melhor desempenho terão.

Mas, a partir da década de 1970, uma outra forma de se compreender as organizações aparece: a estruturação de uma visão sistêmica. Ela surge pela constatação de que uma empresa é um todo complexo, formado por partes interdependentes. Percebe-se a relevância de se

> [...] "ver" a empresa como um todo e entender como funcionam e se integram seus processos de obtenção, transformação e entrega (*delivery*) de seus serviços, produtos e informações ao mercado e, particularmente, aos seus clientes. Entender como se integram os processos internos e como eles se relacionam com o ambiente externo, como circulam as informações veiculadas através destes processos internos, desde seus pontos de origem, nos quais são geradas, até seus destinos, nos quais são utilizadas é uma característica de quem possui a competência visão sistêmica.[5]

---

[5] Sérgio Lopes, *Visão sistêmica é importante para todos*. Disponível em http://www.administradores.com.br/artigos/negocios/visao-sistemica-e-importante-para-todos/61043.

Também nessa década, e reforçando a visão sistêmica, surge uma visão biológica, em que se passa a perceber uma dimensão orgânica das empresas, como se elas fossem organismos vivos e seguissem padrões de desenvolvimento qualitativo preestabelecidos.

Em paralelo, outros teóricos organizacionais trouxeram uma perspectiva sutil (que alguns chamam de quântica e outros de espiritual[6]), analisando as empresas de modo dinâmico, e não mais determinista, no qual aspectos não físicos têm papel organizador fundamental.

Na figura, podemos ver como as formas de compreender as organizações se posicionam e como entendemos que a perspectiva sutil abarca todas as demais visões. Importante é constatarmos que "cada uma delas carrega em si as limitações intrínsecas à sua natureza".[7] Não há uma que seja mais "correta" que outra, cada uma é adequada quando usada para compreender os fenômenos que lhe são pertinentes. O problema é quando utilizamos uma forma para buscar compreender algo do domínio de outra. Por exemplo, se quisermos compreender um aspecto orgânico usando somente as leis físicas da mecânica, incorreremos em simplificações grosseiras. O reverso também é verdadeiro, ou seja, se quisermos lidar com uma questão mecânica usando somente conceitos sutis, dificilmente teremos sucesso.

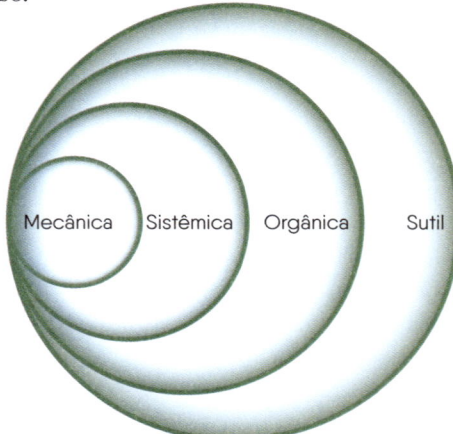

Figura 2. Formas de se compreender as organizações.

---

[6] A palavra "espiritual" é usada como sinônimo de sutil, não havendo no termo qualquer conotação religiosa.
[7] Agradeço ao amigo José Carlos Ermoso pela observação.

> No final do século XIX, os conceitos iniciais sobre como gerir as empresas, desenvolvidos pelo norte-americano F. W. Taylor, chamado de "pai da administração científica", e que tiveram grande impacto no mundo organizacional, foram basicamente mecanicistas. Desde então, muitos pensadores têm trabalhado para ampliar a compreensão das empresas. Da década de 1970, destacam-se Edgar Schein, Larry E. Greiner, Ichak Adizes e Bernard Lievegoed, e a partir de 1990, aprofundando tais estudos, temos Fritjof Capra, Ken Wilber, Peter Senge, Barry Johnson, Fritz Glasl e Otto Scharmer, entre outros.

Existe uma busca permanente de expansão da compreensão sobre as organizações. Quando as formas existentes não conseguem mais dar conta daquilo que se vivencia na realidade cotidiana, é necessário adentrar em novos domínios, para então desenvolver novos conceitos que nos permitam compreender tal realidade. Tais visões convivem em nosso mundo acadêmico e empresarial, não havendo uma que seja hegemônica. Contudo, cada forma de compreensão implica um modo de encarar as necessidades e demandas das organizações e de lidar com os desafios cotidianos.

Muitos pensadores têm se empenhado em trazer novas perspectivas para compreender e administrar as empresas, mas de modo geral as organizações continuam sendo retratadas e gerenciadas como algo mecânico, com engrenagens e botões para as principais funções. Ou, quando muito, como resultante da interação das pessoas que a integram, porém sem uma compreensão precisa sobre o que está além disso, que é o que deve ser preservado. Existe a evidente carência de uma imagem organizadora do que são e como se mantêm e se desenvolvem as empresas. Por quê? Porque, com a crescente complexidade do mundo, o que até pouco tempo era satisfatório para a gestão das empresas não está dando respostas adequadas às necessidades da sociedade e do mercado.

Margaret Wheatley, teórica organizacional e escritora norte-americana, em seu livro *Liderança e a nova ciência*, ao questionar sobre como encaramos nossas empresas, responde que não as vemos como organismos vivos, mas, sim, como máquinas. Por causa disso, uma vez constituída determinada empresa, começa a surgir o receio de que tudo possa desmoronar. Dessa forma, para mantermos de pé o que arduamente criamos, nos fixamos "em estruturas, e as construímos fortes e complexas porque elas devem, assim acreditamos, conter as forças sombrias que ameaçam nos destruir".[8] De fato, as máquinas estão sujeitas, como sistemas fecha-

---

[8] Margaret Wheatley, *Liderança e a nova ciência: descobrindo ordem num mundo caótico*. São Paulo: Cultrix, 2006, p. 42.

dos, às leis da entropia, isto é, se desgastam com o uso e, por fim, param de funcionar. Mas organismos vivos tem outra dinâmica, adaptativa, decorrente de suas interações com o meio que os cerca. Eles se mantém flexíveis para mudar e se desenvolver conforme as possibilidades oferecidas pelo contexto. Portanto, se diante do risco de uma empresa quebrar nossa reação for torná-la mais rígida, aumentando em demasia os controles, maior será a probabilidade de fracasso, pois isso restringirá a criatividade para a busca de soluções, assim como a autonomia de seus membros para reestruturá-la.

Neste livro a maneira de abordar as empresas procura levar em consideração as quatro formas de pensar: a perspectiva da Antroposofia (por compreender que o aspecto sutil tem papel organizador nas empresas), abarcando também a visão orgânica (por considerá-las como organismos vivos), a visão sistêmica (por entender que há uma interdependência entre seus componentes) e a visão mecânica (para lidar com seus aspectos tangíveis e concretos). Para expressar tais perspectivas usaremos imagens e metáforas como uma forma de tangibilizar as distintas dinâmicas das organizações.

> Margaret Wheatley tem como uma de suas principais referências o trabalho dos biólogos e filósofos chilenos Francisco Varela e Humberto Maturana, que chamaram de autopoiese a capacidade de auto-organização e, por conseguinte, de autorrenovação dos seres vivos. Segundo Wheatley, citando o cientista Erich Jantsch, "todo sistema vivo é 'uma estrutura em eterno movimento que busca de modo permanente sua própria autorrenovação'. [...] Um sistema vivo produz a si mesmo; ele se altera para preservar sua identidade. A mudança só é proposta quando o organismo decide que mudar é a única maneira de se manter". Citando o químico Ilya Prigogine – que descobriu que a perda, durante os processos de transformação, é necessária para a criação de uma nova ordem –, Wheatley diz que a mudança "não leva à morte do sistema; ela é parte do processo pelo qual o sistema abandona sua forma atual para poder reorganizar-se numa forma mais adequada às exigências do ambiente modificado". A autora complementa: "Se puder manter a própria identidade, um sistema vivo pode reconfigurar-se num nível superior de complexidade, numa nova forma de si mesmo que consegue lidar melhor com o presente". E conclui que "as coisas que mais tememos nas organizações – rupturas, confusão, caos – não precisam ser interpretadas como sinais de destruição iminente. Em vez disso, essas condições são a fonte primordial da criatividade".[9]

[9] *Ibid.*, pp. 44-45.

James Jeans, físico inglês, diz que "o universo começa a parecer mais como um grande pensamento do que uma grande máquina".[10] Da mesma forma, consideramos que as **empresas são ideias**, e não simplesmente pessoas reunidas ou ativos ordenados de modo a serem produtivos. Ideias que, se bem desenvolvidas ou apreendidas por pessoas atentas às demandas do mundo, ganham densidade ao atraírem capital, matéria e outras pessoas, formando um círculo virtuoso de desenvolvimento.

Ser um empreendedor bem-sucedido é, sobretudo, ter a capacidade de se conectar àquilo que os alemães chamam de *Zeitgeist*, o espírito da época, e estruturar de modo competente negócios com ideias que tragam ao mercado produtos e serviços cuja hora tenha chegado. Afinal, como diz o ditado, "não há nada mais poderoso do que uma ideia cujo tempo tenha chegado".[11]

Percebe-se a relevância das ideias ao se observar dois fenômenos organizacionais:

a) Franquia é um dos negócios que mais crescem no mundo todo, sendo responsável pela prestação de serviços de todo tipo e pela geração de milhares de empregos.[12] O que se oferece quando se vende uma franquia é a formatação de conhecimentos relativos a todas as etapas de um negócio. Quem opta por comprar uma franquia, seja de uma cadeia de *fast food*, ou de uma rede de lavanderias, não está adquirindo algo físico e tangível, mas informações e conceitos que devidamente concatenados e continuamente atualizados reduzem os riscos e maximizam a possibilidade de sucesso de um empreendimento.

b) As empresas de maior destaque no atual cenário econômico – como Facebook (que é a maior rede social), Uber (que tem a maior rede de carros para transporte de passageiros), e Airbnb (que possui a maior rede de quartos para hospedagem) – são aquelas que praticamente não possuem ativos fixos, mas que partem de um novo conceito, o da economia compartilhada, como seu pilar central.

---

[10] James Jeans *apud* Rogers Carl, *The Carl Rogers reader*. Nova York: Houghton Mifflin Harcourt, 1989, p. 422.
[11] Frase atribuida a Victor Hugo. De fato, a frase exata do autor é: "Pode-se resistir à invasão de exércitos, não à invasão de ideias", em *Histoire d'un crime*. Paris: Arvensa, 2014, p. 394.
[12] Em um estudo elaborado pela PWC, em 2016, sob o título *The Economic Impact of Franchised Businesses* afirma-se que havia naquele ano, nos Estados Unidos, 801.000 empresas atuando sob o regime de *franchising*, gerando receitas anuais de US$ 868 bilhões e possibilitando aproximadamente 9 milhões de empregos.

Observar e conceituar

Durante milênios, os homens olharam para o céu, acompanhando o Sol nascer ao amanhecer e se pôr no final da tarde. Pela mera observação, afirmavam: o Sol gira ao redor da Terra. Há menos de cinco séculos, Nicolau Copérnico propôs uma ideia que era exatamente o contrário. De concreto nada mudou, mas um novo conceito transformou o modo de perceber algo do nosso cotidiano. Apesar do que indica nosso sentido da visão (e de continuarmos dizendo que o Sol nasce e se põe todo dia), internalizamos o conceito de heliocentrismo.[13]

Os conceitos nos são úteis na vida, assim como são para o turista que visita um museu. Se ele nada souber sobre arte, poderá caminhar e passar em frente de fabulosas esculturas gregas, bem como pinturas de Da Vinci, Van Gogh, Monet, Picasso, sem perceber a genialidade que nelas se expressa. Entretanto, basta um bom guia para tudo se transformar, pois trará informações que farão o visitante ver de outro modo as mesmas obras de arte, conferindo-lhes novo significado.

A história relata que, após a queda do Império Romano, o mundo ocidental passou cerca de setecentos anos incapaz de construir pontes e aquedutos de grande porte, fundamentais para a higiene, o transporte e a segurança dos povos europeus. Os habitantes de então observavam as antigas obras, sem entender como reproduzir aqueles arcos que mantinham as pedras suspensas. Hoje seria diferente? Com a dependência que temos dos produtos de alta tecnologia, certamente padeceríamos se perdêssemos aqueles que dominam seu conhecimento técnico. Nem sequer conseguiríamos produzir fogo. Ou seja, sem os conceitos de base, não seríamos capazes de manter o mundo que herdamos. E poderíamos dizer que observação, sem conceito, é de pouco proveito.

Contudo, há aqui um paradoxo. Como enfatiza Rudolf Steiner "*observação* e *pensar* são os dois pontos de partida de toda busca cognitiva consciente do ser humano".[14] Precisamos dos conceitos porque eles nos trazem a sabedoria gerada pela humanidade, mas não podemos deixar que se tornem *pré-conceitos* e por causa disso percamos nossa capacidade de observação da realidade. É necessário que ao olhar para algo coloquemos em suspensão os conceitos que temos a respeito desse algo, de modo a ter-

---

[13] Agradeço à professora Clara Pasquier por tornar evidente o conceito expresso.
[14] Rudolf Steiner, *A filosofia da liberdade*. São Paulo: Antroposófica, 2000, p. 32.

mos a possibilidade de lançar um novo olhar. Caso contrário, por tratar algo como já conhecido, em vez de perceber de fato o que nele existe, percebemos dele as imagens que já temos interiorizadas. Ou seja, corremos o risco de trabalharmos com imagens mortas que temos em nossa memória e não com as imagens vivas daquilo que hoje se apresenta.[15] Em um ambiente altamente volátil como o que hoje vivemos, isso pode ser perigoso tanto num casamento como numa empresa. Se perdermos a capacidade de observar o que está em transformação por crermos que as coisas são de determinada forma, ou que "há um jeito certo" de agir em tal ou tal mercado, correremos um forte risco de fracassarmos. A capacidade de criar algo novo advém justamente da possibilidade desse olhar fresco, da curiosidade autêntica, para um objeto de estudo. Dessa forma, **conceituação sem observação leva à estagnação**. Há que haver um equilíbrio contínuo entre a busca de novos conceitos e a capacidade de observarmos a realidade.

Estando com nossa capacidade de observação ativa, poderemos questionar os conceitos que aprendemos para então compreendê-los, rejeitá-los ou transformá-los de modo efetivo. Caso contrário, eles se tornam meras crenças que podem nos fazer rígidos e pouco criativos. Somente conhecendo de modo profundo a realidade de que trata um conceito é que seremos capazes de criar novas formas de a expressar. Por outro lado, será ineficaz conhecer diversos conceitos se, no entanto, não forem postos em prática. Segundo um ditado popular, "quem sabe faz, quem não sabe ensina". Isso é dito como uma crítica aos teóricos e uma exaltação àqueles capazes e dispostos a pôr as coisas em prática. Entretanto, é comum termos pessoas capazes de fazer, mas não de transmitir esse conhecimento, o que gera dificuldades para preparar seus substitutos – fato corriqueiro entre empresários. Portanto, o ideal para quem sabe fazer é começar a refletir sobre o que sustenta sua prática, pois assim poderá alcançar um patamar de maestria.

Em nossa jornada de ampliação de consciência, observar e conceituar devem se alternar como os passos em uma caminhada. Após observarmos algo profundamente, aspectos que estavam ocultos à nossa percepção vêm à tona. Ao elaborarmos o que passamos a perceber, formulamos novos conceitos que nos ajudarão a lidar com a realidade recém-descoberta. Aliás, o verbo "descobrir" indica que o que estava oculto foi revelado. Tirou-se um véu e agora se pode ver algo que sempre esteve lá. Eventualmente algo há

---

[15] O pensador e filósofo alemão Goethe estruturou um método científico de observação da realidade que ficou conhecido como "observação goetheanística", no qual se busca apreender os fenômenos na sua totalidade.

muito conhecido, que agora se mostra de um modo transformado. Isso é válido para nossa relação com coisas, pessoas, empresas e até com nós mesmos. Pode ser que se evidencie algo agradável, mas não necessariamente. Ainda assim, é melhor abarcar a realidade de modo mais amplo do que vê-la de uma forma restrita e limitada.

Ao observarmos atentamente a realidade, podemos perceber o mundo a partir de novos conceitos que incentivem novas perspectivas para, concretamente, transformar a maneira como vivemos e trabalhamos. Há hoje um número crescente de mulheres empreendedoras, mas será que as práticas adotadas em suas empresas são distintas daquelas em que os homens estão no comando? São tais práticas adequadas aos empreendimentos que fazem? Se estão sendo, que conceitos sustentam tais práticas? Estarão os homens atentos a tais impactos? O mundo está mudando numa velocidade cada vez maior, será que o modo como percebemos a situação está dando conta de tamanha transformação? Há como se preparar para lidar com isso?

Escrevo este livro baseado em mais de trinta anos de vivência no mundo organizacional como executivo, empresário e consultor. Tendo tido uma sólida formação acadêmica e uma perene curiosidade para compreender o que vivenciava, busquei observar com atenção as organizações e seus líderes e busquei conceitos[16] que me ajudassem a elaborar o que testemunhei. Como *coach* pude conhecer e atender a muita gente talentosa e a um grande número de organizações de diversos portes e pude ver muitos casos de sucesso, mas também de fracasso. Grandes realizações e também enormes frustrações. Dos outros e também minhas.

Com essa bagagem, escrevo com a intenção de semear em empresários e executivos algumas dúvidas sadias que os façam parar para refletir no modo como percebem e administram suas empresas. Sei que são reconhecidamente pessoas práticas, que gostam de ação e geralmente não têm paciência para teorias. Porém, caso não ampliem seu horizonte de compreensão da realidade de seus negócios, estes se tornarão cada vez mais frágeis e de difícil sustentação. Há uma máxima que diz "o que o trouxe até aqui não necessariamente o levará até onde você quer chegar". Ou seja, a experiência passada, o sucesso conquistado, não é garantia de êxito no futuro, fato facilmente observável pelo elevado número de grandes empresas do passado que dominavam o meio em que atuavam e simplesmente faliram, ou foram absorvidas por outras, por seus líderes ficarem presos a fórmulas de sucesso do passado e não conseguirem lidar

---

[16] Quem quiser compreender mais profundamente o conceito dos arquétipos, que embasa este livro, recomendo a leitura de "Arquétipos", na seção Anexos.

com as mudanças, nem adaptar suas organizações, a tempo de lidarem com os novos desafios a que foram expostos. Considerando tais questões, estimularemos ao longo do livro que observem a si e às suas organizações e que, com o auxílio de conceitos, possam lidar com questões objetivas, visando o desenvolvimento e a prosperidade de si mesmos como indivíduos, de suas empresas e, como consequência, de toda a sociedade.

Quintessência: compreendendo a organização como um todo

O ser humano constitui um todo indivisível e dessa constatação advém o termo indivíduo. Contudo, como pondera Platão, ele habita simultaneamente dois mundos diferentes: o mundo sutil, de onde vêm nossas ideias, assim como os sonhos, e o mundo manifesto, percebido por nossos sentidos. Bernard Lievegoed, médico e pensador holandês, descreve ambos como mundos polares que se interpenetram e se influenciam permanentemente. De cada um deles recebemos distintas influências: do mundo sutil, nossas inspirações e aspirações, e do mundo físico, os impulsos e desejos.

Ao atuar e se relacionar, agindo socialmente, o ser humano estabelece uma conexão entre os dois mundos. Segundo Ralph Waldo Emerson,

> um dualismo inevitável divide a natureza, de modo que cada coisa é uma metade que convida alguma outra para formar o todo; como espírito e matéria; homem e mulher; par e ímpar; subjetivo e objetivo; dentro e fora; movimento e repouso; sim e não.[17]

Para fazer de modo estruturado a conexão entre tais polaridades, entre outras ações, nós criamos organizações, que denominamos de empresas, associações, institutos, sindicatos, cooperativas, igrejas, partidos, ONGs, tribos, aldeias, cidades, etc. E chamamos o mundo manifesto (ou material) de sociedade, meio ambiente ou mercado, segundo seu referencial.

As empresas são criadas para atender, com suas capacidades, às necessidades e aos desejos do mundo – sejam estes existentes, sejam latentes – e irão se sustentar enquanto conseguirem cumprir satisfatoriamente esse propósito. São, por via de regra, fundadas por empreendedores que, agindo individualmente ou em pequenos grupos, conseguem perceber oportunidades ao intuir as necessidades e os desejos (conscientes ou não) da sociedade/mercado. Isso os inspira a imaginar modos de suprir tais carências e, quanto mais forte for

---

[17] Emerson Ralph Waldo, "*Compensation*", *Emerson Texts*. Disponível em http://www.emersoncentral.com/compensation.htm.

Figura 3. O papel das organizações.

esse impulso empreendedor, maior será o empenho para formatar algo e apresentá-lo ao mundo. Quem já conviveu com um empreendedor sabe que, nessa fase, essa pessoa só pensa, fala e age para colocar seu projeto no mercado. Tem absoluta certeza de que será bem-sucedido e, entusiasmado, consegue atrair pessoas para junto dele. Fica evidente que um empreender não é fruto da mera vontade de alguém, mas, sim, da profunda necessidade que uma pessoa sente de expressar aquilo que de melhor tem para oferecer ao mundo.

> Neste livro daremos foco às **organizações privadas**, que chamamos de **empresas**. Cabe ressaltar, porém, que os conceitos que serão apresentados são válidos para todas as demais formas de organização, havendo, contudo, aspectos inerentes a cada uma.

Cada empresa surge como uma forma de organizar esse impulso criativo, para que ele transite, de modo consistente e competente, da dimensão sutil dos sonhos para a efetivação de uma oferta no mundo concreto. Quanto melhor for a percepção do mercado sobre a qualidade da oferta, maior será a reputação obtida, formando um círculo virtuoso.

Para expressar nossa compreensão do que são as organizações, criamos um mapa que as considera como um todo, que chamamos de

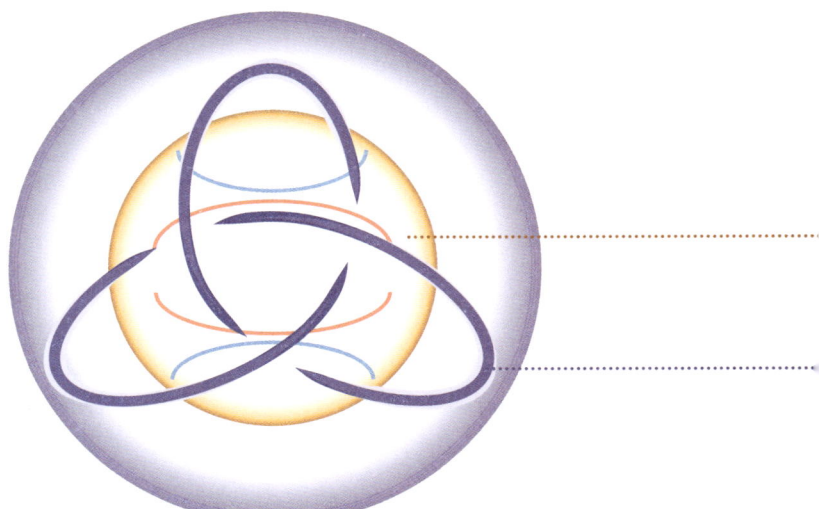

Figura 4a. Quintessência: um mapa organizacional.

Quintessência, e também apresentamos as duas esferas interdependentes que operam em seu interior de modo sincronizado, denominadas Núcleo Estrutural e Forças Estruturantes. A natureza da primeira é mais tangível, enquanto a segunda, com características mais sutis, ordena, rege e pauta a outra. Cada qual, porém, possui papel fundamental na existência do todo, e a clareza com que são compreendidas é determinante para seu desenvolvimento e consolidação da organização na sociedade.

Inspirados por Pitágoras, consideramos a esfera do Núcleo Estrutural das organizações como sendo composta por quatro elementos: Propósitos, Estratégias, Operações e Realizações. Já o âmbito das Forças Estruturantes é composto por uma tríade formada por Capital, Poder e Cultura. Assim como Aristóteles, que a partir dos ensinamentos de Pitágoras, dizia que além dos quatro elementos da natureza havia um quinto estado do ser denominado de *quintessência* – que não se tratava de outro elemento, mas de uma substância etérea que os abarcava e integrava –, identificamos nas Forças Estruturantes, nessa tríade, as forças que ordenam o universo das organizações. Juntas elas integram tudo, conferindo a toda a organização uma identidade única, um todo coeso, um organismo vivo em permanente processo de transformação. As Forças Estruturantes, pautando, regendo e integrando as dimensões do núcleo estrutural, atuam tornando o todo maior que é a soma das partes, possibilitando

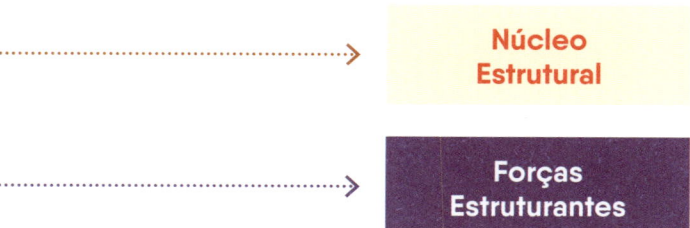

Figura 4b. As duas esferas das organizações.

uma conexão dinâmica entre as dimensões, da mais concreta à mais sutil, da matéria ao espírito, transitando pelos quatro níveis e sustentando a essência da empresa.

> Pitágoras, filósofo e matemático grego do século IV a.C., pesquisou as relações matemáticas e descobriu vários fundamentos da física e da matemática moderna. Para ele e seus seguidores o universo era composto por quatro elementos: fogo, ar, água e terra. Os filósofos da escola pitagórica tiveram grande influência sobre todos os filósofos gregos e, por conseguinte, sobre toda nossa civilização.

Ao longo do livro iremos examinar o Núcleo Estrutural e as Forças Estruturantes separadamente e em suas interações, bem como analisar como elas influenciam e são influenciadas pelo mercado e pela sociedade. Iremos avaliar o papel de cada um dos componentes do Núcleo Estrutural – Propósitos, Estratégias, Operações e Realizações – para a vitalidade e eficiência das organizações. E perceberemos como as Forças Estruturantes – Capital, Poder e Cultura – precisam estar devidamente balanceadas para dar sustentação ao desenvolvimento da organização, fazendo com que ela permanentemente se adapte e prospere em um mundo tão complexo.

Esfera do Núcleo Estrutural

O Núcleo Estrutural é a esfera em que a empresa se mostra de modo mais manifesto e perceptível. Nele há uma parte densa que é responsável por suas funções vitais e uma parte sutil que carrega seus Propósitos e suas Estratégias.

Uma metáfora sobre a esfera do Núcleo Estrutural

Podemos olhar para qualquer cena como se fosse uma fotografia em preto e branco, bidimensional, chapada. Ou podemos vê-la colorida, tridimensional, e daí perceber tons, relevos, profundidades e nuances que tornarão a imagem mais viva. Para melhorar nossa compreensão sobre as empresas, será preciso que lancemos esse segundo olhar. Para exercitá-lo vamos nos valer de uma alegoria, a imagem de um rio, com suas margens, o ambiente que o cerca, e os quatro elementos da natureza que o constituem.

A ordenação de TERRA, ÁGUA, AR e FOGO e uma breve descrição de suas características nos ajudarão a perceber como a vida se constitui e se sustenta na natureza.

- O leito do rio é formado de pedras e barro, que correspondem ao elemento TERRA. Ele, por sua alta densidade, dá a sustentação para os demais elementos.
- Sobre a terra, temos o elemento ÁGUA. Menos denso, ele é fluido e tem movimento. Ao irrigar a terra, a água traz fertilidade.
- Acima da água, temos o AR. Ainda menos denso, podemos senti-lo, mas não agarrá-lo. Ocupa plenamente todos os espaços possíveis e, ao oxigenar a água, assegura a vida.
- Na natureza, acima do ar, a que corresponde o quarto elemento, o FOGO? Ao Sol, que gera energia, calor e luz, sendo essencial para que haja vida em nosso planeta.

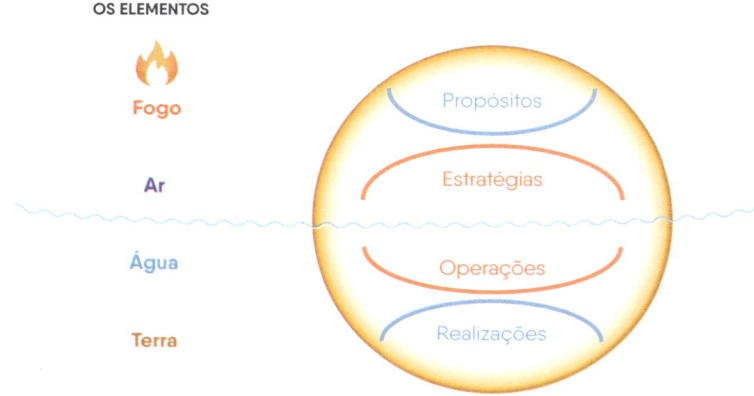

Figura 5. Os quatro elementos e as quatro dimensões de uma empresa.

Mas qual a relação entre o que foi descrito e uma organização? Vejamos:
- Nas empresas, o correlato ao elemento TERRA é tudo aquilo que elas possuem de mais denso e, portanto, que é percebido, por exemplo, pelos clientes. A esse elemento damos o nome de dimensão das Realizações, na qual aparece *o que a empresa faz* e oferece ao mundo.
- Por sua vez, chamamos o elemento ÁGUA de dimensão das Operações, que é para as empresas aquilo que lhe dá vida e traz movimento. Os ativos, os processos e as funções que, juntos e articuladamente, constituem o seu *modus operandi* e mostram *como a empresa atua* para gerar as Realizações.

Ao falar das Realizações e das Operações, estamos no domínio dos elementos mais densos. Sobre ambos as ciências naturais têm amplo domínio. Neles temos o que é mensurável, quantificável, comparável e reproduzível. São domínios para os quais se pode ter o que há de melhor em determinado segmento, seja copiando o que as empresas líderes fazem, seja comprando instalações, máquinas e equipamentos de ponta, ou ainda, serviços de consultoria para aumentar a produtividade. Ou seja, *money can buy* o que for necessário. Esses dois domínios são, por muitos, considerados como a empresa em si.

Os dois domínios descritos a seguir, porém, são mais sutis, complexos e significativos. E neles *money can't buy* o que é necessário, e já não é mais possível se copiar de outras empresas, apesar das tentativas de muitos. Ou seja, para desenvolvê-los não basta ter dinheiro. É preciso estar atento e lançar um novo olhar ao que sustenta a atividade da empresa, buscando refletir sobre as necessidades específicas e intangíveis da organização.
- O AR é o elemento da dimensão das Estratégias, é o que faz a ligação entre aquilo que é visível com o que é invisível, o que existe com o que pode vir a ser. Associamos a palavra "inspiração" à nossa capacidade de criar e inovar. Quando ouvimos uma música ou um discurso e estes nos tocam, dizemos que o músico ou orador estavam inspirados. Pode-se perceber que há uma conexão simbólica entre a "inspiração do ar" e a capacidade de elaborar coisas diferenciadas, de poesias a teorias da física, e essa forma de criatividade é essencial para um bom pensamento estratégico. Trabalhar bem nessa dimensão é o que pode manter a empresa arejada, apta a ponderar sobre as alternativas que têm para lidar com o que acontece no mundo, de modo a não só se manter viva como ainda estar melhor no futuro.

- O SOL, representando o elemento FOGO, é a força primordial que dá vida à Terra e, por meio de uma inter-relação dinâmica, estabelece a sequência rítmica das estações e dos anos. Consideramos que para as empresas o correlato ao Sol é o que denominamos de Propósitos, cujo fogo não é físico, mas um *fogo sutil* que, qual uma "chama sagrada",[18] estando sempre presente, esclarece e ordena o "para que" uma empresa existe e o que almeja ser e alcançar.

---

[18] Expressão utilizada por Jair Moggi – economista, advogado, mestre em Administração de Empresas pela FEA-USP e fundador e ex-presidente do EcoSocial – para definir a identidade de uma organização.

O fogo sutil dos Propósitos

A dimensão dos Propósitos, da mesma maneira que o Sol na natureza, tem papel determinante para o bom desempenho dos demais níveis das organizações; enquanto essa dimensão continuar "acesa", manterá a empresa viva. Entretanto, assim como no mundo natural, pode nutrir ou destruir o que toca, mesmo estando distante. O Sol, apesar de tão evidente, ainda é conhecido de modo superficial pela maioria das pessoas; o mesmo ocorre com a dimensão dos Propósitos no universo organizacional.

> A *conquista* do FOGO é considerada uma das mais relevantes da humanidade. Na mitologia grega se diz que Prometeu, um titã, compadecido dos homens por suas dificuldades na Terra, decide ajudá-los a ter uma vida melhor. Para isso, rouba o fogo das rodas da carruagem de Hélio (o Sol) e o entrega aos humanos. Tal ação irrita profundamente Zeus, que pune Prometeu severamente, pois não queria que os homens dominassem o fogo, temendo que, ao ganhar tamanho poder, eles passassem a ignorar os deuses. Hoje os antropólogos afirmam que, ao dominar o fogo, nossos ancestrais puderam melhorar drasticamente a qualidade da alimentação, pois os alimentos, ao serem cozidos, tornam-se mais nutritivos, menos tóxicos, e precisam de menos tempo para serem digeridos.[19] Com maior tempo livre e mais calorias disponíveis, o homem pôde refletir e planejar suas ações, sendo mais ativo do que reativo. Puderam também manter afastados os animais perigosos e insetos que os molestavam, iluminar seus hábitats e estender o tempo de suas atividades para além da luz do dia. "Ao permitir que as pessoas pudessem ficar juntas (e com segurança) em um mesmo local na hora de comer, o fogo criou as condições para a formação de vínculos entre casais e, assim, da sociedade humana".[20] Com o tempo aprenderam a forjar os metais e a preparar ferramentas, instrumentos e armas que lhes permitiram ser mais produtivos e eficazes na luta para sobreviver e expandir seus domínios. Assim, houve uma grande transformação que nos trouxe ao estágio de desenvolvimento em que nos encontramos.

Assim como a conquista do fogo físico (descrita no boxe acima) foi essencial para o desenvolvimento da humanidade, a conquista do fogo sutil foi fundamental para que os homens pudessem se organizar de modo a

---

[19] Recomendo que assistam à série *Cooked*, de Michael Pollan, sobre como nos alimentamos e o impacto disso no mundo, disponível na Netflix.
[20] Jerry Adler, "Why Fire Makes Us Human", *Smithsonian Magazine*, junho de 2013. Disponível em <www.smithsonianmag.com/science-nature/why-fire-makes-us-human>.

conseguirem trabalhar coletivamente, dividindo tarefas e criando organizações a princípio muito simples, mas que se tornaram cada vez mais elaboradas na medida em que aumentava a complexidade da sociedade em que estavam inseridas. Ao acessar, no início inconscientemente, a força primordial dos Propósitos, os primeiros líderes puderam ordenar os esforços e obter resultados cada vez melhores para si mesmos, para seus grupos e para suas comunidades.[21]

---

[21] Esse conceito será aprofundado no capítulo "Uma metáfora sobre as forças estruturantes".

Da gravidade e da levidade[22]

Continuando com nossa metáfora, vejamos como o arquétipo dos quatro elementos da natureza se manifesta no cotidiano das organizações. Estamos partindo do pressuposto que as empresas são organismos complexos e dinâmicos, por isso é fundamental compreender quais forças atuam sobre elas. Por exemplo, ninguém caminha pelo nosso planeta imune à força da gravidade, mas é curioso que ela só tenha sido mais bem compreendida há relativamente pouco tempo, em 1687, por Isaac Newton, que usou como analogia a maçã caindo de uma árvore para explicá-la. Desde sempre o homem conviveu sob sua influência, mas por não estar ciente disso, simplesmente não a percebia. É uma companheira tão próxima que mal nos damos conta dela, mas que é necessária para manter nossos pés no chão e nossa cabeça no "céu". Força organizadora, ela nos dá limites e forma, colocando cada coisa no seu devido lugar.

Vamos retomar a metáfora do rio e utilizar a gravidade para refletirmos sobre como essa força afeta as organizações. Imagine-se deixando uma pedra cair nas transparentes águas de um calmo riacho. Ela cairá verticalmente, atravessando o ar que separa sua mão da água, tocará a superfície do rio e, um pouco mais lentamente, seguirá a mesma trajetória até o fundo, onde se alojará.

Da mesma forma, nas organizações a pressão nos leva a ficar nos níveis abaixo da linha da água, isto é, focados em lidar com as Operações (ÁGUA) e com as Realizações (TERRA). A gravidade, expressa pelo estresse e pela pressão dos negócios, tem algo de muito positivo ao ajudar a concretizar nossas iniciativas. Porém, ao mesmo tempo, tende a nos afastar das dimensões das Estratégias (AR) e dos Propósitos (FOGO). É como se a gravidade também atuasse sobre nossa consciência, mantendo-a no nível do que é o mais concreto.

Quando essa pressão se torna excessiva, nos sentimos como se estivéssemos debaixo da água, afogados pelas inúmeras demandas operacionais comuns a toda a organização. Incapazes de responder às centenas de e-mails que recebemos, de preparar relatórios, de participar das infindáveis reuniões, de cumprir as exigências dos clientes, de dar atenção aos funcionários... Além, é claro, de ler e comentar o que foi postado nas redes sociais pelos vários grupos de que participamos... SOCORRO!

---

[22] Levidade é um termo utilizado em palestras pelo escritor sul-africano Allan Kaplan para descrever a força que se contrapõe à da gravidade.

> **A gravidade**
> A vida como a conhecemos hoje só é possível dada a presente intensidade gravitacional. Imagine se vivêssemos sob baixa gravidade: as águas não estariam correndo nos rios e o pó levantado ficaria constantemente flutuando no ar. Vale explicar melhor esses conceitos, pois costumam ser mal compreendidos. A força gravitacional da Terra é muito maior que a da Lua, mas muito menor que a de Júpiter, por exemplo. Ou seja, a gravidade varia de acordo com a massa de cada planeta. Quanto maior a massa, maior a força que atrai tudo para o centro do planeta, e maior a sua influência em relação aos outros corpos celestes. Não é à toa que a Lua gravita ao redor da Terra e nós, ao redor do Sol... No cosmos, o que mantém a ordenação dos astros é esse invisível sistema de forças que assegura o equilíbrio dinâmico entre tudo.

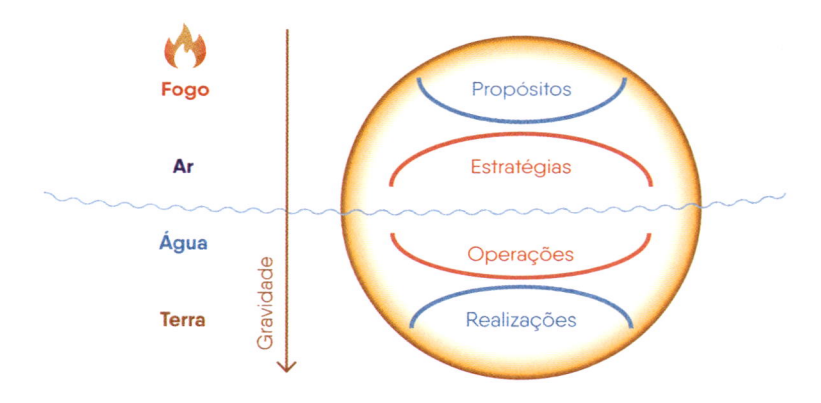

Figura 6. A força da gravidade.

É comum, no desespero, começarmos a nos debater, até tocarmos o fundo do rio, que, revolvido, torna a água turva. Desse modo, além da sensação de afogamento, nos sentiremos cegos, sem saber o que fazer. Nos vemos "atolados de trabalho", num claro sinal de que estamos, além de afogados, presos no fundo do rio...

Há anos trabalhando como *coach*, já atendi diversos executivos que relatam a angústia de alguém que está se afogando, atolado nos inúmeros afazeres. Nesses momentos, meu papel essencial é auxiliá-los a tirar a cabeça da água para que possam respirar o AR, pois ao retomar o fôlego eles se acalmam e voltam a pensar sobre o que fazer. Porém, mais importante que isso, é ajudá-los a se reconectar com o nível do FOGO, com os propósitos de suas ações. Ao recobrar a lucidez (lembrando que ser lúcido é agir a partir da "luz", com clareza mental e discernimento), o executivo será capaz de estabelecer prioridades, tanto para as suas ações como para as de seus liderados, distinguindo o que é importante do que é simplesmente urgente. Afinal, parafraseando o filósofo inglês Francis Bacon, a luz deve vir antes dos frutos; assim, é preciso compreender a luz dos propósitos para se chegar a boas realizações.[23]

> Empresários e altos executivos reclamam da pressão que sofrem. Mas vamos à gênese dessa questão. Quando se inicia uma empresa, vai-se gradualmente construindo um mundo. A cada etapa vencida, tal mundinho cresce, aumentando a influência sobre um número crescente de clientes, fornecedores e colaboradores, que passam a gravitar ao redor da empresa. E esta, por sua vez, especialmente nesse estágio, gravita ao redor de quem faz a gestão. A isso chamamos de *poder* – para influenciar, para fazer e acontecer, para contratar e demitir. Porém, como inevitável contraponto, a pressão a que se está exposto aumenta na mesma proporção. É essa tensão que nos dá o necessário tônus para mantermos nossa *performance*. Quando a tensão fica muito forte passamos a chamá-la de estresse, que nos maltrata e nos desafia a ficar em pé ou a se deixar levar. Não se pode dizer que ter poder é a única causa de estresse, mas, sem dúvida, no mínimo este aumentará na mesma proporção daquele.
> É comum, no universo corporativo, que profissionais já cheguem sob forte pressão a uma nova empresa. As vendas estão fracas, os resultados negativos, o clima ruim. Há os que aproveitam o momento para fortalecer as pernas: estudam seu negócio, aprendem com os que já lá estavam, inovam, se reinventam, constroem parcerias sólidas, articulam seus times e delegam tarefas e responsabilidades. E há os que, mediante a pressão, estacam e enrijecem. Ou se agitam e entram em um processo desenfreado do fazer, atirando para todos os lados. Tanto num caso como em outro, tentam resolver as novas questões com fórmulas de sucesso do passado. É comum se isolarem e serem esmagados... Portanto, a forma como lidamos com a pressão nos habilita a sermos líderes ou não. Isso varia de pessoa para pessoa, e só saberemos o quanto resistimos quando formos expostos a ela.

---

[23] Bacon Francis, *Novum Organum*. Disponível em http://www.ebooksbrasil.org/eLibris/norganum.html. Cap. LXX: "[...] em qualquer espécie de experiência, deve-se primeiro descobrir as causas e os axiomas verdadeiros, buscando os axiomas lucíferos e não os axiomas frutíferos". Agradeço ao amigo e colega Edilson Fernandes pela imagem.

Contudo, paradoxalmente, a situação de estar afogado, muito ocupado, também tem suas vantagens. Observe como nas empresas, em geral, *todos têm* que estar ocupados (ou pelo menos aparentar estar), caso contrário poderia "pegar mal". E estar ocupadíssimo, resolvendo incontáveis problemas da empresa, é permanecer no domínio das certezas, o que nos garante o álibi para não pensarmos nem ousarmos. Porém, tanto um empresário como um executivo são valorizados pela capacidade de pensar, de fazer escolhas. Portanto cada gestor, sempre que possível, deve delegar para sua equipe tudo o que esteja na dimensão das Realizações e Operações, para assim conseguir "limpar sua mesa". O desafio é que nesse momento ele terá que enfrentar o medo de ser dispensável, pois o cotidiano de sua empresa (ou área) já estará operando "sem" sua presença. É a hora de ter coragem e se atirar no vazio que é a construção do futuro, de passar a pensar estrategicamente em como atingir os mais relevantes objetivos de sua empresa. Ou seja, criar, inovar, trazer sua contribuição única para a organização.

Mas, sendo a gravidade tão poderosa, o que nos permite ficar em pé? Que força oposta nos torna capazes de correr e saltar? Allan Kaplan, consultor e escritor sul-africano, em suas palestras nomeia de "levidade" a força vital que é ainda maior que a da gravidade, e que é essencial para o desenvolvimento de qualquer organismo vivo. Observe que as árvores, igualmente submetidas à gravidade, não estão achatadas, rentes ao chão, mas dele se descolam na busca pelo Sol. Da mesma forma, o ser humano, ereto, busca permanentemente a "luz" de seus propósitos para manter a serenidade e o discernimento, mesmo diante das pressões cotidianas.

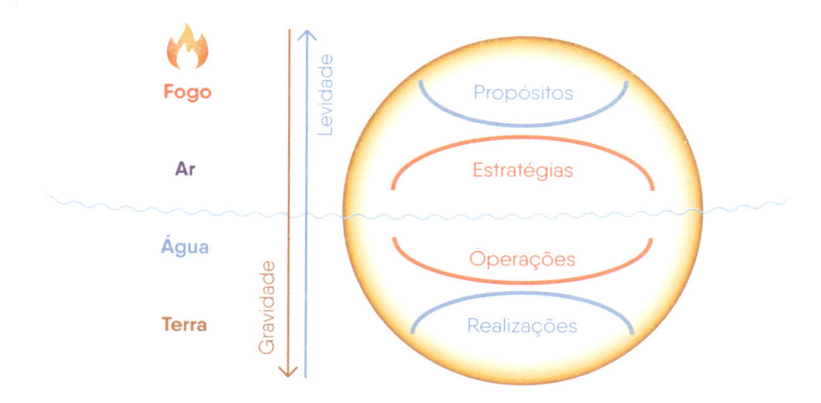

Figura 7. Gravidade e levidade.

Há, entretanto, o aspecto negativo de se conectar somente ao FOGO. Da mesma forma que é problemático estar atolado no fundo do rio, conectar-se somente à "luz" leva as pessoas a ficarem, como se diz, deslumbradas, cegas para o que está ocorrendo na realidade. São aqueles que se encantam pelos novos projetos, pelas ações de vanguarda, que vivem planejando o futuro, mas acabam tendo pouca energia e determinação para finalizar e implementar o que imaginaram (possuem muita iniciativa e pouca "acabativa"). Divagam nas múltiplas possibilidades, abrem diversas frentes, e, caso não haja alguém no time com a capacidade de amarrar as pontas soltas, logo todos estarão perdidos num emaranhado de projetos. Assim, a visão do Núcleo Estrutural como um todo articulado será vital.

Mas o que acontece quando estamos livres da pressão? Já está comprovado que, no espaço, sem gravidade, o corpo humano começa a perder o tônus muscular. Se essa situação se prolongar, há perda de massa óssea, como se ocorresse uma osteoporose acelerada. Aqueles que ficam longos períodos nas estações espaciais não conseguem mais se sustentar sobre as próprias pernas quando voltam à Terra, sendo necessário um intenso programa de fortalecimento muscular e de recomposição óssea. É um dos principais desafios para tornar possível as longas jornadas espaciais (em que estado um ser humano chegará a outro planeta após três anos vivendo sem gravidade?).

E, no mundo profissional, tal efeito também seria válido? Com certeza. Observe o que acontece com você, empresário ou executivo ocupado, se ficar um longo período sem exigências, sem poder, ou pior, sem trabalho? E, detalhe, "período longo" depende da percepção de cada um: pode ser um ano, um mês, uma semana... A falta de gravidade nos faz ficar "boiando", uma estranha sensação física e emocional de deslocamento, de falta de conexão com o mundo, de não pertencimento. A confiança começa a fraquejar, a força de vontade a vacilar, a cabeça a pirar. A sensação é de que não será mais possível andar com as próprias pernas. Por ser tão aflitiva, tentamos nos ocupar com o que quer que seja para evitá-la. Daí alguns nem conseguirem sair de férias.

Ao olharmos para o espaço, temos a sensação de que as estrelas estão fixas no céu. Ledo engano, pois estão em transformação, num eterno movimento, na permanente busca pelo equilíbrio. O que muda é a escala de tempo; para uma estrela, o período de uma vida humana é equivalente a uma fração de segundo. No cosmos, assim como em nosso mundo organizacional, tudo muda a todo instante.

Há casos em que o profissional é transferido para uma nova área, na qual a rotina ainda não se estabeleceu, e seu gestor, ocupadíssimo com outras questões, deixa o recém-chegado solto. Há os que aproveitam a chance, se motivam, estabelecem a própria agenda, e inventam a área. Outros, porém, astronautas em órbita, ficam apenas flutuando e acabam perdidos no tempo e no espaço.

Fisicamente, podemos aumentar nossa massa e tônus muscular se tivermos a disciplina de nos exercitar regularmente. Do mesmo modo, como resultado de um disciplinado processo de autoconhecimento, podemos fortalecer hábitos mais sutis, como a capacidade de observar a nós mesmos e aos outros. Seguir na direção do desenvolvimento é uma questão de escolha. Nesse ponto diferimos dos astros e de suas leis gravitacionais eternas, pois o ser humano possui a liberdade de alterar o próprio sistema em que está inserido, e cabe a ele próprio, igualmente, assumir as consequências de sua decisão.

A compreensão das forças que atuam em nós é um dos aspectos básicos para que possamos, de algum modo, administrá-las (posto que não podemos controlá-las). Para isso é necessário nos conhecer cada vez melhor, percebendo como lidamos com as pressões (ou ausência delas), como influenciamos e somos influenciados pelos outros, e em que constelação estamos inseridos. A ampliação de tal percepção nos ajudará a entender e a discernir os fenômenos que ocorrem na vida das empresas, possibilitando melhores diagnósticos e a proposição de soluções cada vez mais pertinentes.

As quatro dimensões do Núcleo Estrutural

Conforme já vimos, compreendemos as organizações como tendo um Núcleo Estrutural e que ele, por sua vez, tem quatro dimensões. A primeira delas, que expressa "por que", "para que" e "para quem" uma empresa existe, é a dos Propósitos. A segunda dimensão é a das Estratégias, a do "como idealizamos fazer", que indica de que maneira os propósitos devem ser implementados. É nessa dimensão que se buscam as melhores ideias para atingir determinado objetivo. Entretanto, ideias não bastam. É imperativo que se entre em outro âmbito, o do "como fazemos de fato", em que são desenvolvidas as técnicas e os processos de trabalho. A essa dimensão dá-se o nome de Operações. Chegamos, então, ao "o que" faz a empresa, chamada de dimensão das Realizações, na qual a empresa torna tangível sua oferta de valor ao mercado.

A figura 8 mostra uma síntese visual de como as quatro dimensões das organizações – Propósitos, Estratégias, Operações e Realizações – estão dispostas:

Propósitos Por que fazemos
Estratégias Como idealizamos fazer
Operações Como fazemos
Realizações O que fazemos

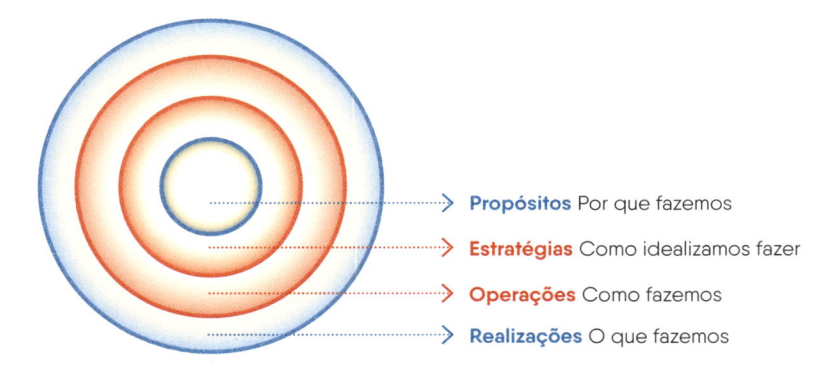

Figura 8. Dimensões das organizações.

> O autor norte-americano Simon Synek,[24] em sua teoria chamada "Golden Circle", trata de um importante conceito arquetípico. De forma sintética, Synek propõe que toda organização opera de modo orgânico, segundo as leis da biologia, em três dimensões distintas, chamadas de *What* (o que), *How* (como) e *Why* (por que). A mais externa delas é a do "o que fazem", a intermediária é a do "como fazem", e a interior é a do "por que fazem". Quando vão se apresentar ao mercado, as empresas geralmente tendem a enfatizar a dimensão externa, tentando conquistar clientes com base naquilo que fazem (o tipo de produto que oferecem, sua qualidade técnica ou atualização tecnológica, por exemplo). Alguns, eventualmente, entram no âmbito do "como fazem", informando se utilizam matérias-primas selecionadas, se respeitam o meio ambiente, ou se seus funcionários são pessoas qualificadas e felizes. Entretanto, segundo Synek, essa é uma abordagem equivocada, pois o que de fato toca os consumidores é a dimensão do "por que fazem", ou seja, quais são as causas e os propósitos da empresa. Ao serem claras nesses pontos, as mensagens mobilizam algo mais profundo nos clientes, o que cria um vínculo duradouro. Assim, a causa pode ser trazer bem-estar ou prosperidade aos clientes, valorizar a autenticidade, apoiar a sustentabilidade, desafiar o *status quo*, ou ainda tornar mais belo o cotidiano ao valorizar a estética. Se isso for captado pelas pessoas, será estabelecida uma conexão que irá muito além da aquisição de um ou outro produto.
>
> Em nosso conceito da Quintessência, o Núcleo Estrutural das organizações é semelhante à proposta por Synek, mas entendemos haver quatro dimensões, sendo o "como" dividido em dois aspectos: "como idealizamos fazer" e "como fazemos de fato".

Como todas as empresas têm a mesma estrutura, é possível imaginá-las imersas na sociedade e em interação mútua em todas as dimensões. Na dimensão das Realizações elas oferecem à sociedade seus produtos e serviços e também os adquirem, formando aquilo que chamamos de mercado.

Restringindo o olhar a apenas uma empresa, isoladamente, é possível retratá-la em suas quatro dimensões, conforme a figura 9. Lembrando que a membrana que a delimita, ou que estabelece suas fronteiras, é permeável, mantendo contato permanente com o mundo externo. Isso permite à organização adaptar-se continuamente ao meio em que está inserida, mantendo-se sensível às demandas do mercado e ampliando suas possibilidades de sobrevivência.

Ao analisar as quatro dimensões propostas, percebemos um processo de sutilização, no qual a dimensão das Realizações é a mais densa e a dos Propósitos a mais sutil. Cada uma das dimensões tem um papel espe-

[24] Simon Synek, *Por quê? – Como grandes líderes inspiram ação*. São Paulo: Saraiva, 2012.

cífico e determinante para a vida saudável da empresa. Entretanto, como vimos na metáfora, os níveis superiores podem ser facilmente esquecidos e os níveis inferiores superestimados, caso haja grande pressão sobre os gestores. Assim, há que se ter a visão do todo e entender as dinâmicas peculiares de cada organização.

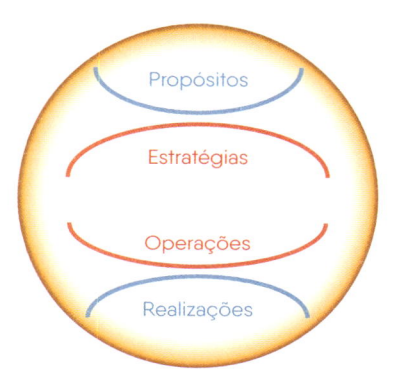

Figura 9. Dimensões do Núcleo Estrutural de uma empresa.

Segundo a teórica organizacional Margaret Wheatley,

[...] algumas das melhores maneiras de criar continuidade e coerência em épocas turbulentas não envolvem o uso de controles, mas o emprego de forças que, embora não consigamos ver, são palpáveis. Muitos cientistas trabalham hoje com o conceito de campos – forças invisíveis que ocupam espaço e influenciam o comportamento. Passei a examinar a noção de que a visão e os valores organizacionais[25] atuam como campos, forças invisíveis, porém reais, que influenciam o comportamento das pessoas. É uma perspectiva bastante diferente das noções tradicionais segundo as quais a visão [*organizacional*] é uma mensagem evocativa acerca de algum estado futuro desejável apresentada por um líder carismático. O nosso conceito de organização está se afastando das criações mecanicistas que floresceram na era da burocracia. [...] Começamos a reconhecer as organizações como sistemas inteiros.[26]

[25] Presentes na dimensão dos Propósitos, segundo o modelo da Quintessência.
[26] Margaret Wheatley, *Liderança e a nova ciência: descobrindo ordem num mundo caótico*. São Paulo: Cultrix, 2006, p. 38.

O pulsar das organizações

Há um fluxo vital permanente – que, como veremos, é gerado na esfera das Forças Estruturantes – que produz uma eterna e perene tensão nas organizações, que as integra, mobiliza e as mantêm pulsantes. Quanto mais forte for esse fluxo, mais energia a empresa terá no seu dia a dia para se manter atualizada e apta a atender às demandas do mercado.

Da mesma forma que os seres humanos possuem um tônus muscular, que lhes permite agir e se expressar no mundo, as empresas têm um *tônus vital*, que só cessará de existir se não houver um propósito a ser realizado. Por outro lado, enquanto a empresa estiver saudável, conectada com seus Propósitos, haverá um forte tônus vital que impulsionará a todos em suas tarefas, em geral na direção do que sabem fazer melhor.

O pulsar abarca as quatro dimensões estruturais da organização na medida em que elas operam de modo absolutamente integrado; porém, para efeito didático, iremos analisá-las aos pares. Se observarmos a dinâmica entre Propósitos e Realizações, perceberemos que há entre essas dimensões uma tensão permanente.[27] Todo e qualquer propósito busca realizar-se no mundo; toda e qualquer realização tem um propósito por trás de si (mesmo que não evidente). Haverá momentos em que será mais fácil manter as duas dimensões próximas entre si e outros, em que parecerá algo quase impossível.

> **Tônus vital** é um conceito fundamental, pois evidencia como a energia oriunda da esfera das Forças Estruturantes se manifesta na tensão entre as dimensões Propósitos/Realizações e Estratégias/Operações impulsionando toda a empresa. Sendo bem gerida, essa energia será inesgotável, funcionando como um dínamo. Observe, ainda, que empregamos as palavras que designam cada dimensão no plural, pois numa organização há, por exemplo, múltiplos propósitos. Há tanto um propósito principal, que pauta toda uma empresa, quanto inúmeros subpropósitos referentes também ao todo, além dos que são relativos a áreas, projetos, etc. Mesmo que um propósito seja realizado, sempre haverá outro que se destacará, um novo sonho, uma nova possibilidade de atender ao mercado.

---

[27] Para compreender os fundamentos teóricos da tensão entre polaridades, recomendo o trabalho do autor norte-americano Barry Johnson, *Polarity Management* (gestão de polaridades), que analisaremos no capítulo "Dinâmicas do universo interno".

ESFERA DO NÚCLEO ESTRUTURAL

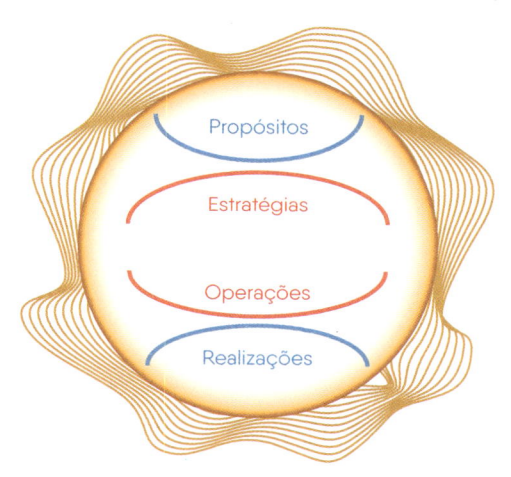

Figura 10. Tônus vital.

Numa perspectiva mais ampla, os Propósitos expressam "para que" a empresa existe, sua razão e seu modo de ser, e eles só terão sentido se forem concretizados, realizados no mundo. Por exemplo, quando uma empresa diz que seu propósito é promover a melhor qualidade de vida dos seus clientes, isso só se efetivará quando um deles experimentar, efetivamente, a sensação de bem-estar. Assim, quanto mais pessoas tiverem essa experiência, maior será o grau de realização do propósito da empresa. Mas essas são situações fugazes, passageiras, e para continuar provendo o bem-estar a empresa deverá prestar atenção, contínua e permanentemente, em todas as suas ações. Ou seja, a tensão entre os Propósitos e as Realizações será momentaneamente resolvida, mas logo em seguida retornará. Como dissemos anteriormente, só se chegará a uma solução definitiva se houver a morte da organização, pois, enquanto ela estiver viva, existirá essa tensão vital.

Entretanto, entre a intenção e o que se consegue realizar há sempre uma distância. Duas coisas sabemos que são comuns: viver cheio de propósitos, de sonhos, mas pouco concretizar; ou fazer várias coisas sem nunca parar para refletir sobre o sentido delas. O que diferencia os seres humanos uns dos outros é justamente a capacidade que alguns têm de transformar, de modo consistente, a realidade que os circunda. E fazem isso por meio da transformação de desejos em ações concretas.

Há, ainda, outra polaridade em ação – mais interna, porém mais facilmente percebida – que ocorre entre as dimensões das Estratégias e das Operações cuja boa gestão resultará em uma maior aproximação entre as dimensões dos Propósitos e das Realizações. Como já vimos, as Estratégias são o *como gostaríamos* de fazer as coisas, e as Operações são o *como de fato fazemos* as coisas no mundo. Segundo Michael Porter, "há uma diferença fundamental entre estratégia e efetividade operacional".[28] Traçar uma boa estratégia que esteja relacionada aos propósitos da organização é fundamental, mas não é o bastante. Saber transformá-la em ações efetivas é o que faz a diferença para que se consiga realizar algo. Pensar e falar é fácil; o desafio está em viabilizar o que se planejou, pois isso exige disciplina e ritmo. É necessário ter ambas as dimensões em ação, Estratégia e Operações, pois – novamente –, quanto mais as operações estiverem próximo da estratégia traçada, melhor será a *performance* da empresa. Isso exigirá um permanente compromisso de todos, porque qualquer descuido fará com que a distância entre ambas as dimensões aumente, comprometendo as metas estabelecidas.

Uma empresa que pretende ser líder em seu mercado terá que trabalhar arduamente para transformar esse desejo em realidade, e seu esforço não se encerrará ao conseguir atingir a meta, pois sustentar a posição de liderança exigirá muito – ou até mais – empenho. Imagine uma empresa do setor de serviços que seja líder nesse segmento. Para se manter no topo, ela precisa ter a energia necessária para suplantar as forças internas da acomodação, bem como as forças externas da concorrência. Uma de suas estratégias para defender a posição poderá ser implantar inovadores sistemas de gestão de relacionamento com o cliente. Porém, entre a intenção e a efetiva implementação, será preciso formar uma equipe altamente qualificada, especificamente para o projeto, investir milhões de reais em tecnologia de ponta e ter coragem para rever seus principais processos de operação. Assim, será necessário um grande empenho de todos os níveis da organização, mas em particular da alta direção, para manter o foco simultaneamente na estratégia e na sua operacionalização, tendo claro qual propósito essa estratégia irá atender e qual a realização que se busca.

Há, no entanto, forças adversas que atuam entre as dimensões, afastando-as. Como uma roda-viva, um fluxo vital de eventos do cotidiano, que como uma forte correnteza arrasta as intenções, carrega os sonhos para longe.

> A gente quer ter voz ativa
> No nosso destino mandar
> Mas eis que chega a roda-viva
> E carrega o destino pra lá...[29]

---

[28] Michael E. Porter, "What Is Strategy?", *Harvard Business Review*, 74 (6), nov.–dez. 1996.
[29] Chico Buarque, "Roda-viva", *Chico Buarque de Hollanda*, vol. 3, 1967.

Tal fluxo de eventos pode ser de duas naturezas: de ordem externa, no qual o que ocorre está além do controle da empresa, e pode ser de todo tipo, desde aspectos conjunturais da economia, ações inesperadas e impactantes da concorrência, grandes transformações tecnológicas, até mudanças nos hábitos de consumo. E há elementos adversos, que eventualmente podem ser mais impactantes, que são de ordem interna, como a perda de um importante líder, conflitos entre lideranças pelo poder na organização, quebra de confiança na relação entre a diretoria da empresa, o corpo gerencial e o grupo operacional por questões éticas, um ambiente de trabalho onde predomine o medo, etc. Ou seja, toda sorte de elementos perturbadores que tirem o foco da empresa em cumprir o seu propósito.

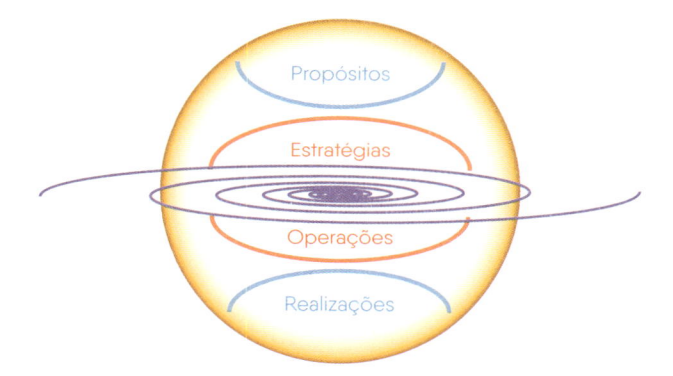

Figura 11. Roda-viva.

Ter a competência para aproximar as dimensões e superar a força dessa roda-viva requer um alto tônus, uma resiliente determinação. Qualquer descuido ou relaxamento e a força dessa correnteza inexoravelmente afastará as dimensões, causando uma forte sensação de fracasso por ter perdido o controle e ter sido carregado pelas circunstâncias. O sucesso, portanto, é medido pela capacidade de sustentar a aproximação das dimensões. Um bom empresário ou executivo sabe que é impossível manter a aproximação sozinho e buscará conseguir a colaboração dos outros para que isso aconteça.

Quanto mais próximas as Realizações estiverem dos Propósitos, mais bem-sucedida e valorizada será a empresa. Conseguir isso significa, muitas vezes, ir contra o senso comum expresso no ditado "em time que está ganhando não se mexe". É necessário coragem, ousadia e determinação para se mexer no time, para sair da zona de conforto, tornando-o ainda melhor e mais conectado ao propósito maior da empresa. E, mais que tudo, é essencial compreender a relevância das relações, como veremos no próximo capítulo.

Componentes das dimensões do Núcleo Estrutural[30]

As quatro dimensões de uma organização têm características bem peculiares e em cada uma delas podem se perceber diversos componentes atuando. Para efeito didático, iremos elencar três desses componentes por dimensão, que nomearemos de tópicos, os quais consideramos os mais relevantes. Esses três tópicos devem ser entendidos de modo complementar para que quando forem geridos seja de modo integrado.

Na dimensão dos Propósitos, os tópicos são: *missão, valores* e *visão*; nas Estratégias: *foco, políticas* e *princípios* e *diretrizes*; nas Operações: *ativos, processos* e *estrutura e funções*; e nas Realizações: *bens ofertados, valores gerados* e *imagens projetadas*.

Cada um desses tópicos tem sua importância reconhecida na literatura organizacional, pois precisam ser bem geridos para o sucesso de uma empresa. O que queremos ressaltar é a relevância de pensarmos essas quatro tríades em conjunto, e não iremos entrar nos detalhes de cada tópico isoladamente, uma vez que há vasto material publicado sobre o assunto.

Vejamos, na figura 12, os componentes de cada dimensão.

É interessante observar que nesta figura há um espelhamento entre os componentes das dimensões consideradas complementares. Por exemplo: entre as dimensões dos Propósitos e das Estratégias, a *missão* deve ser considerada em relação dinâmica com o *foco*. Da mesma forma, os valores relacionam-se com *políticas* e *princípios* e a *visão* implica as *diretrizes*. O mesmo pensamento deve ser aplicado entre as dimensões das Operações e das Realizações.

---

[30] Agradeço a Elaine Beadle, do Mira Companions for Development, pela inspiradora palestra ministrada em março de 2013, no EcoSocial, sobre modelo de organizações que me inspirou nesse tópico.

ESFERA DO NÚCLEO ESTRUTURAL

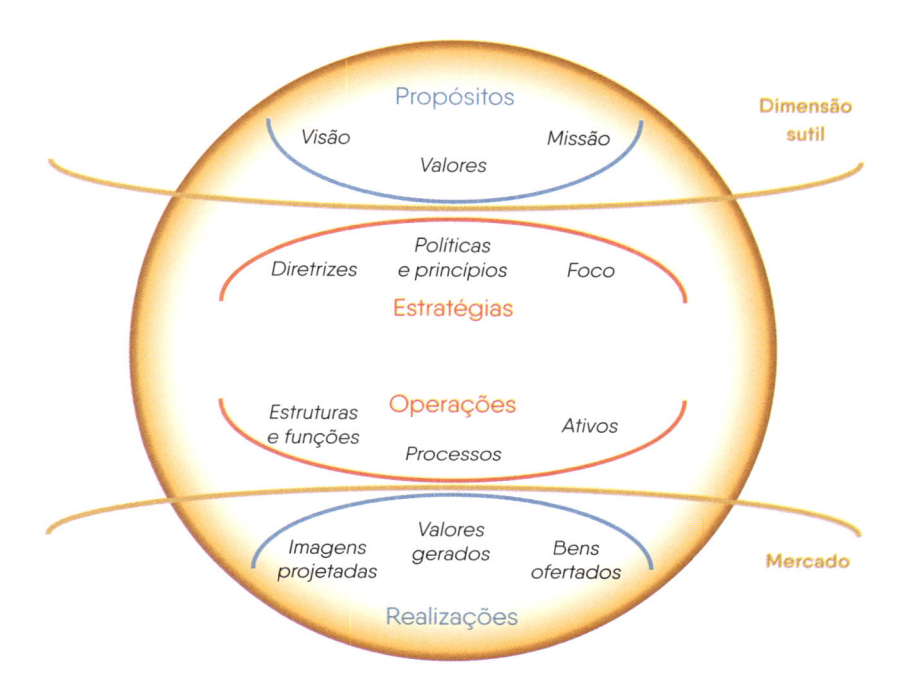

Figura 12. Componentes das dimensões do Núcleo Estrutural.

Na dimensão dos Propósitos, temos:
- *Missão*: é a razão de ser de uma organização, "por que", "para que" e "para quem" ela existe. É uma força basal que, consciente ou mesmo inconscientemente, dá suporte a todos na organização.
- *Valores*: são as crenças fundamentais da empresa, seu fundamento ético, que norteiam o *como se fazem as coisas*, que balizam as principais decisões e estão na base do modo como as relações internas e externas se dão. É como um eixo a partir do qual os tópicos *missão* e *visão* se organizam. Por ser o mais perene dos três, raramente os valores são alterados em sua essência.
- *Visão*: é a explicitação dos sonhos vislumbrados. Situa-se no eixo do tempo, indicando o futuro, e a todos guia, influencia e inspira. É o mais volátil dos componentes da dimensão dos Propósitos, pois precisa ser revista conforme ocorram mudanças relevantes no mundo externo.

Na dimensão das Estratégias, cada um de seus tópicos reflete a necessidade de se fazer escolhas. Seus componentes são influenciados, conjuntamente, pelos Propósitos, e, isoladamente, pelo respectivo componente espelhado na outra dimensão (como é possível verificar na figura 12), formando pares entre os tópicos das Estratégias e dos Propósitos.

- *Foco*: como esse componente faz par com o tópico *missão* – presente na dimensão dos Propósitos –, isso significa que as escolhas relativas ao foco devem sempre se submeter ao "para que" a empresa existe. Como em qualquer segmento há inúmeras possibilidades de atuação, eleger qual será o prioritário é vital para que a empresa concentre suas energias. Se, persistentemente, atuar de modo oportunista – do tipo "fazemos qualquer negócio" –, a organização poderá se perder em seu caminho e dificilmente conquistará seu espaço no mercado. Entretanto, há casos em que, por se deparar com uma nova e promissora forma de atuação, a empresa realmente precisará rever sua missão. O importante é que ambos os componentes – *missão* e *foco* – deverão estar alinhados.
- *Políticas e princípios*: fazem par com os valores, que são as referências gerais da empresa, e visam traduzi-los para o mundo cotidiano e concreto dos negócios. Os *princípios* detalham o que determinado valor significa para a organização e as *políticas*, a maneira de agir ante as questões cotidianas do negócio. Assim, por exemplo, se uma empresa tem como valor a ética nas relações, seria importante criar políticas que pautem como se quer que sejam as relações entre seus integrantes e deles com seus fornecedores, concorrentes, governos, etc. No caso da relação com fornecedores de matérias-primas seria possível ter como princípio a transparência e a equidade, juntamente com uma política que explicite o que se entende por parceria com fornecedores – que pode ser a flexibilidade para atender às demandas, a capacidade de inovação, o suporte técnico, os preços competitivos, etc. O mesmo ocorre para a definição das políticas de comercialização, o código de ética ou a política quanto a resíduos, por exemplo.
- *Diretrizes*: formam par com a *visão*, que estabelece o "para onde vamos". As diretrizes indicam os objetivos a serem atingidos e como se gostaria de alcançá-los. Identificam quem, quando e como algo deve ser realizado, levando-se em conta os cenários internos e externos. As diretrizes podem ser estabelecidas para diferentes áreas da empresa, como a comercial, logística, financeira, industrial, etc. Para a área de recursos humanos, por exemplo, podem-se estabelecer diretrizes relativas às competências que devem ser desenvolvidas na empresa para que os objetivos almejados sejam atingidos de modo eficiente e eficaz. Se há uma meta de atuar em toda a América Latina, o domínio do idioma espanhol pelos executivos deve passar a ser uma delas.

Os componentes da dimensão das Estratégias terão impacto sobre todos os componentes da dimensão das Operações, como mostra a imagem 13:

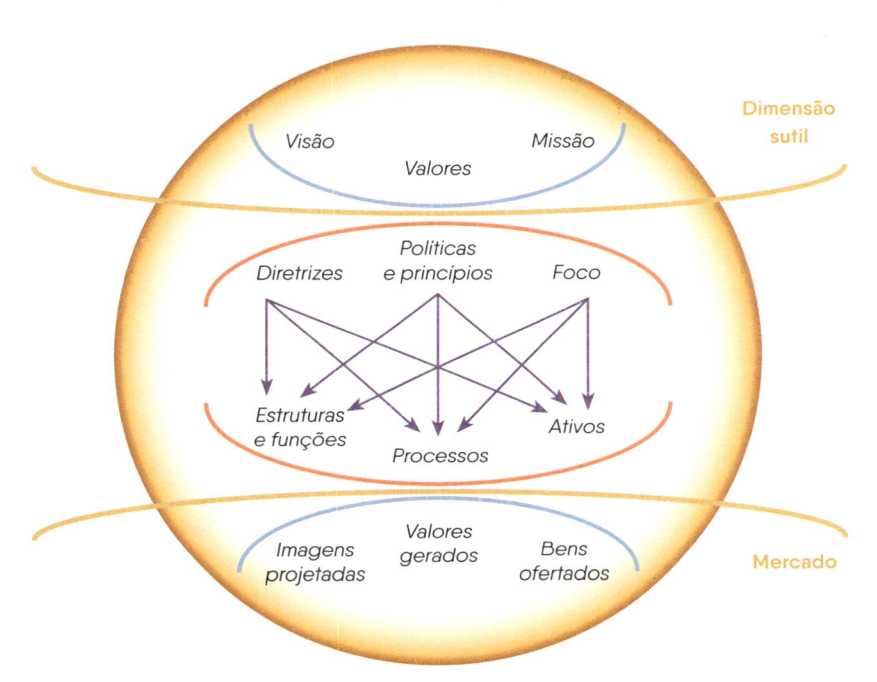

Figura 13. Influência das Estratégias.

A seguir veremos como o *foco*, as *políticas e princípios* e as *diretrizes* afetam cada um dos componentes da dimensão Operações:

• *Ativos*. A partir dos *inputs* das Estratégias, o desafio é ter os ativos necessários e maximizar a sua utilização na busca da geração de resultados. Para o desenvolvimento de uma organização é essencial ter acesso a três ativos: o talento humano, os recursos financeiros e a tecnologia. Ou seja, é imprescindível que se possa contar com o resultado do trabalho de pessoas qualificadas, tanto do ponto de vista técnico como administrativo; ter acesso a recursos financeiros, sejam próprios, de investidores, sejam os disponíveis como linhas de crédito, que permitam um fluxo de caixa adequado à maturação de seus projetos; e ter acesso a tecnologias que assegurem alguma forma de diferenciação no mercado em que se atua.
Variará de acordo com o tipo de negócio a necessidade de ativos do tipo imobilizado, como prédios, instalações e máquina (que podem ser próprios, alugados ou adquiridos por *leasing*), bem como de ativos operacionais, como estoques de matéria-prima ou de produtos acabados.

Naturalmente, ao se desenvolver, a empresa formará ainda os ativos intangíveis, que são bens que não possuem existência física, mas podem ter valor expressivo – como sua marca, domínios de internet, patentes registradas, etc. –, caso a empresa esteja em um segmento promissor e conquiste uma sólida reputação nesse mercado. Vê-se atualmente uma crescente relevância desses ativos para a composição do valor final das empresas.

Certos ativos podem ser críticos para alguns negócios. Ter acesso, a um custo competitivo, a determinados insumos e matérias-primas e a uma suficientemente boa infraestrutura pode ser vital para a viabilidade de uma empresa.

- *Processos*. As Estratégias são operacionalizadas neste nível. Os processos revelam como a empresa sistematizou o seu modo de trabalhar estabelecendo padrão, regularidade e previsibilidade para suas diferentes áreas, como comercial, marketing, industrial, suprimentos, financeira, controladoria, jurídica, tecnologia da informação (TI), recursos humanos, etc. Esse é um tópico que mais se desenvolveu ao longo das últimas décadas, levando algumas organizações ao máximo de sua capacidade de produção quanto à eficácia e à eficiência. A questão fundamental, aqui, é a empresa se manter capaz de aprimorar seus processos, sendo flexível e inovando continuamente a forma como opera.
- *Estruturas e funções*. Para implementar as Estratégias é preciso que haja uma estrutura organizacional que lhes dê sustentação. A estrutura funcional (usualmente representada por um organograma) deve ter um desenho que facilite a compreensão de como é feita a gestão do negócio no que tange às relações interpessoais. Ou, caso seja uma estrutura orientada por processos, que apresente toda a cadeia de atividades de forma concatenada. Do mesmo modo, as funções requeridas para se cumprir a estratégia formulada devem ser muito claras, assim como as competências exigidas de cada função ou equipe bastante bem indicadas, para que seja possível prepará-las devidamente.

Entraremos agora nas Realizações, que é a dimensão em que ocorrem as principais interações entre a organização e o público externo. A percepção do público externo quanto à qualidade dos componentes dessa dimensão será um fator básico para a construção de uma boa reputação no mercado.[31] Aqui também cada um dos componentes é afetado por todos os demais do nível acima, o das Operações.

---

[31] Para mais detalhes, ver o tópico "Dinâmica com o universo externo".

- *Bens ofertados*. O modo como a empresa executa suas operações irá se traduzir no que ela oferece ao mercado. A oferta de produtos e serviços formam a parte mais visível no dia a dia de uma empresa. E a qualidade dessa oferta está vinculada com todas as dimensões analisadas anteriormente, sobretudo com a forma como os ativos foram utilizados para sua criação. Há grandes e concretos desafios que aqui se apresentam, como, por exemplo, os produtos e serviços atendem plenamente à demanda e à expectativa dos clientes? Em relação aos concorrentes diretos e indiretos, qual o grau de diferenciação? Como o que se oferece é avaliado?
- *Valores gerados*. A maior razão de ser de qualquer organização é gerar valores. Ou seja, que sua atuação resulte em um saldo positivo entre a demanda do meio em que atua e aquilo que ela entrega. Esses valores podem ser financeiros, culturais, ambientais, sociais, como também de comodidade, conforto, satisfação, *status*, lazer, segurança, etc. Uma empresa busca atender prioritariamente aos seus clientes (na forma de produtos e serviços que gerem satisfação) e sócios (na forma de lucro ou de aumento do valor da marca), pois, se um deles estiver insatisfeito, a sustentabilidade do negócio ficará ameaçada. Mas há que se gerar valor também para os colaboradores, fornecedores, governos, comunidade onde atua ou atende, ou, de forma ampla, para a sociedade. Para que haja tal geração de valor é necessário que todas as dimensões acima estejam bem articuladas e afinadas.
- *Imagens projetadas*. A todo momento, em decorrência tanto das ações planejadas como das involuntárias, a empresa projeta uma imagem para o mercado e a sociedade. Seja pela divulgação de seus projetos e sonhos, por suas instalações, seja pela aparência de seus colaboradores, tudo transmite uma mensagem para o público interno e externo. Esse componente é a base de um dos ativos intangíveis descritos acima, a marca, um dos mais valiosos das empresas.[32]

Cada um dos doze tópicos apresentados precisa ter um gerenciamento específico, mas, ao mesmo tempo, é necessário que se tenha a visão do todo e a clareza de como eles se influenciam e são influenciados mutuamente, pois são todos interdependentes. A forma de articulá-los é que será abordado no próximo capítulo.

---

[32] Aprofundaremos esse tópico no capítulo "Reputação e branding – lidando com o universo externo".

As relações no centro do Núcleo Estrutural

Nos mais variados campos de estudo — na física, medicina, agricultura, meteorologia ou administração —, o modo como se interpretam os eventos do mundo está transitando de uma visão estática para outra visão dinâmica. Como escreve Margaret Wheatley,

> [...] no mundo quântico, a *relação* é o fator determinante fundamental de todas as coisas. As partículas subatômicas só assumem uma forma e só são observadas na medida em que se relacionam com alguma outra coisa. Elas não existem como 'coisas' independentes. [...] Essas ligações invisíveis entre o que eram antes consideradas entidades separadas são o ingrediente fundamental de toda a criação.[33]

As relações ocupam, nas organizações, um papel central (como indicado na imagem a seguir). Elas ocorrem a partir do pulsar das quatro dimensões descritas anteriormente, sendo fluidas, sensíveis e delicadas, em permanente processo de desenvolvimento e aprendizagem. Podem se referir às relações humanas, como as que ocorrem entre acionistas, colaboradores, clientes, fornecedores, etc., ou às relações institucionais, como na interação com stakeholders, o governo, órgãos reguladores, concorrentes ou o meio ambiente, por exemplo.[34] Podem ainda ser relações formais ou informais, legais ou ilegais, rotineiras ou ocasionais, e assim por diante.

Para o propósito deste livro, enfatizaremos as relações *humanas*, tanto internas como externas à organização, assim como suas implicações. Sendo boas e fluidas serão fundamentais para transformar os Propósitos e as Estratégias em bem-sucedidas Operações e Realizações. Como as pessoas estão em constante processo de interação, dentro e fora das organizações, compreender a dinâmica de suas relações é necessário para a gestão e o desenvolvimento da empresa. Nesse âmbito despontam grandes temas do universo organizacional, como liderança, trabalho em grupo, comunicação, conflitos, clima organizacional e motivação de pessoas e equipes.

---

[33] Margaret Wheatley, *op. cit.*, pp. 34-35.
[34] Veremos essas relações no capítulo "Dinâmica com o universo externo".

ESFERA DO NÚCLEO ESTRUTURAL 61

Todas as dimensões são influenciadas e influenciam as relações. A dimensão dos Propósitos, ao explicitar o "para que" e "para quem" a empresa existe, tem grande poder aglutinador. Ao sinalizar rumos para o futuro, torna-se inspiradora e alinha todos num mesmo sonho. Ao apresentar seus valores e suas crenças, invariavelmente atrairá clientes, colaboradores, parceiros e fornecedores que se identificam com eles. Assim, poderá ser criado um ambiente de confiança com relações amigáveis e duradouras.

> Segundo Allan Kaplan, há hoje a exigência de um novo olhar e, "em vez de procurar pelas coisas separadas, pedem-nos que desenvolvamos a habilidade de ver as relações e as interações entre as partes componentes. Aprendemos a ver, então, não as coisas, mas os espaços entre as coisas, as relações, interações e conexões. A aprender a ordem que move o todo, ver para além das partes".[35] Estamos agora começando a entender que não há um vácuo entre os componentes, mas que "o espaço está cheio de campos, [...] de teias relacionais invisíveis que influenciam as coisas materiais e que dão forma à matéria".[36] Nesse espaço "vazio, mas cheio de campos", é onde também ocorrem as dinâmicas nas empresas.

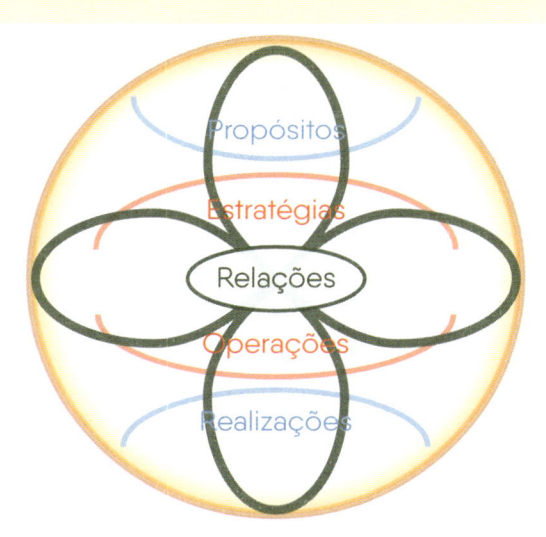

Figura 14. As relações no núcleo das organizações.

---

[35] Allan Kaplan, *Artistas do invisível: o processo social e o profissional de desenvolvimento*. São Paulo: Instituto Fonte para o Desenvolvimento Social/Fundação Peirópolis, 2005, p. 33.
[36] *Ibidem*.

A dimensão das Estratégias trará discernimento a todos os stakeholders quanto às escolhas feitas pela empresa, de modo que estes também possam traçar suas próprias estratégias. Além disso, servirá de referência para que acordos sejam pactuados e relações perenes possam ser construídas. Se, durante uma crise, a estratégia apresentada para enfrentá-la for debatida internamente e divulgada de modo transparente, dando voz aos principais envolvidos, isso pode gerar um alto grau de engajamento entre os colaboradores, alavancando os negócios para a construção de um novo e melhor futuro.

A dimensão das Operações, por ter natureza mais tangível, exerce grande influência sobre todas as relações. Se os parâmetros em que se apoiam não estiverem bem definidos, nem existirem evidências de que são suficientemente eficazes, fatalmente haverá problemas internos e externos. A alocação não coerente de recursos dará início, por exemplo, a disputas internas desnecessárias; e a falta de clareza quanto aos papéis e às atribuições irá criar zonas cinzentas de responsabilidade, repercutindo tanto entre colaboradores como fornecedores. Pode ainda gerar, internamente, a má distribuição da carga de trabalho, afetando a qualidade dos produtos e serviços ofertados. Todas essas questões irão, invariavelmente, causar choques desnecessários entre as partes envolvidas, aumentando o nível de tensão na organização. Se, por outro lado, as Operações estiverem devidamente integradas e forem geridas de modo eficaz, elas contribuirão para que as relações sejam tecnicamente adequadas e socialmente satisfatórias.

Enquanto a dimensão das Operações é permeada pelo tempo cronológico (do grego *Chronos*), o nível das relações é pautado pelo "momento oportuno" (do grego *Kairós*, que significa tempo existencial), pois saber a hora certa de falar ou fazer algo é tão importante quanto o que irá ser dito ou realizado. A compreensão do *timing* é fundamental para a construção das relações, porque identificar o momento de se aproximar e interagir com as pessoas é o que garante conexões de qualidade.

O universo das relações é diretamente influenciado pela dinâmica entre os domínios das Forças Estruturantes, mas sobretudo pela Cultura,[37] estando repleto de elementos que, via de regra, se manifestam de modo simbólico e inconsciente – como crenças, preconceitos, simpatias ou antipatias entre pessoas, história dos indivíduos e das instituições que representam, etc. Por se tratar de questões sutis e subjetivas, nesse âmbito lidamos com aquilo que as pessoas sentem e que pode favorecer, ou não, para sua conexão com as demais.

---

[37] Aprofundaremos esse aspecto no item "Cultura", no capítulo "As três Forças Estruturantes".

Quando há relações fluidas, em prol de um mesmo fim, o grupo possuirá alto grau de *sinergia*, ou seja, na ação coordenada para qualquer tarefa haverá a minimização das perdas de energia e a maximização do resultado dos esforços individuais. Se, por outro lado, as relações estiverem atravancadas, haverá *entropia*, que se persistir levará à gradual inadequação da empresa ao mercado e, no extremo, ao seu colapso.

Como consultor e *coach* o tema relações tem-se mostrado sempre presente em meus trabalhos. Em *coaching* as questões ligadas direta ou indiretamente a isso são dominantes. Há conflitos e embates permanentemente, e aquele que consegue lidar com eles de modo mais consciente terá uma grande vantagem sobre aqueles que o fazem de modo apenas intuitivo, ou, pior ainda, de forma emocional. Daí o *coach*, com a devida isenção, pode ajudar um indivíduo a ponderar sobre suas ações e a refletir sobre como lidar com as demais pessoas de sua organização, sejam elas seus sócios, membros do conselho de administração, integrantes de sua equipe, sejam seus clientes.

Em consultoria somos chamados para trabalhar questões diretamente relacionadas às relações, geralmente quando se constata que o clima organizacional está muito ruim e que isso está prejudicando, como de costume, a empresa como um todo. Ou quando a motivação dos colaboradores está em queda e se quer reverter esse quadro. Que se está tendo uma rotatividade acima do razoável e pessoas talentosas estão sendo perdidas para a concorrência. Que o número de processo por assédio moral na justiça trabalhista está aumentando. Ou, ainda, em momentos de greve se suspeita que as queixas relatadas não refletem a real causa do movimento grevista. Mas surgem também pedidos de consultoria ou *coaching* que são relativos a questões como baixa produtividade, à necessidade de aumentar as vendas, à revisão do planejamento estratégico ou ao desejo de se ampliar os negócios e, invariavelmente, acabamos tendo que trabalhar também as relações interpessoais. Independentemente da origem, um problema organizacional normalmente tem múltiplas causas, mas para se retomar um caminho sólido de crescimento é necessário, no mínimo, que se faça uma boa comunicação e que se estabeleça um alinhamento entre os principais envolvidos para que todos estejam cientes do que está ocorrendo.

Para se lidar com questões como as listadas acima, as empresas, muitas vezes, pedem para que façamos trabalhos que são, de modo geral, chamados de *team building*. Nele se buscará fortalecer as relações interpessoais de uma equipe visando uma maior harmonia, sinergia e produtividade que resultem em melhores entregas. Porém, o impacto desse tipo de trabalho é tão mais duradouro quanto mais ele puder abarcar as demais dimensões da empresa, uma vez que muitas dificuldades que se manifestam no nível das relações têm suas causas em outros domínios. Ações cosméticas e superficiais terão pouca efetividade e em vez de levar a diálogos consistentes podem caminhar para uma atmosfera emocional que irá somente retardar a eclosão de problemas maiores. Ou seja, fazer o alinhamento de um time é necessário, mas não suficiente, se as causas que estão gerando os atuais conflitos não forem corajosamente enfrentadas.

Outro contexto em que a temática das relações é muito trabalhada é nos programas de desenvolvimento de líderes. Ser um bom líder é, sobretudo, ter a capacidade de fazer com que um grupo consiga, de modo consistente, ter uma *performance* diferenciada, e isso só será possível se ele tiver a capacidade de construir boas relações dentro e fora de sua área de comando. Essa capacidade deve ser expandida para além de seus liderados, para as interações com seus pares, seus líderes, com clientes, fornecedores, etc. Assim, compreender as características, necessidades e aspirações humanas torna-se fator crítico para seu sucesso.[38] Melhorar a capacidade de comunicação, aprender a dar bons *feedbacks*, saber delegar e agir como um líder *coach*, além de transmitir ao time os propósitos de sua empresa ou área, são habilidades crescentemente demandadas.

As equipes somente conseguirão ter um alto desempenho se os indivíduos que as constituem estiverem dando o seu melhor e, para fazê-lo, cada um deve estar absolutamente alinhado e engajado com as dimensões dos Propósitos e das Realizações – e isso só se dá na medida em que boas relações são cultivadas. Um alerta, contudo, é que não se pode confundir boas relações com "relações gostosas". Há que se saber cuidar para que haja um estresse sadio no time, que haja metas desafiadoras que demandarão que cada um se sinta instigado a ir além de sua zona de conforto e dar sua melhor contribuição. Havendo maturidade, pode-se construir bons acordos que gerem esse espaço de realização pessoal e coletivo.

---

[38] No próximo capítulo trataremos dos vínculos entre as pessoas e as organizações e de como mantê-los.

Vínculo homem-organização

No âmbito do direito há *pessoas físicas*, que somos nós, como cidadãos, e há *pessoas jurídicas*, que são as organizações. A palavra pessoa se refere a um "ser com direitos e obrigações", entre eles o direito de ter um nome próprio, por exemplo, e a obrigação de seguir as leis. Ou seja, tanto os seres humanos quanto as organizações são tratados como pessoas e, como veremos na figura 15, têm dimensões equivalentes, como a dos *propósitos*, que ambos buscam transformar em *realizações*. Por uma simples questão de linguagem, os homens fazem planos enquanto as empresas constroem *estratégias*. Eles realizam ações e as empresas, *operações*. Entretanto, na essência, o sentido dessas dimensões é idêntico. Há, ainda, outra semelhança: ambas tecem relações internas e externas.

> *Pessoa jurídica:* entidade não natural, incorpórea, legalmente organizada, com fins políticos, sociais, econômicos e outros. Tem existência autônoma e independente dos membros que a integram e está sujeita a direitos e obrigações estabelecidos por lei.

Coincidência? Certamente não. O homem, tendo sido criado – conforme descrito no Gênesis – a imagem e semelhança de Deus, quando cria também o faz a sua imagem e semelhança. Se observarmos nossas máquinas isso fica evidente. Um carro, por exemplo: de modo simplificado ele tem uma entrada de combustível, um motor que transforma o combustível em energia para se mover e um sistema de exaustão, por onde elimina os resíduos do processo. Algo semelhante ao nosso sistema digestivo. Ou um computador: há uma sistemática de entrada de dados, uma memória, um centro de processamento dessas informações com base em critérios preestabelecidos e a apresentação de sons e imagens resultantes de todo o processo. Algo equivalente, ainda que muito distante, do nosso complexo processo de cognição. Enfim, há inúmeros exemplos. O fato é que, sendo as organizações uma das principais criações humanas, estas também possuem suas mesmas características.

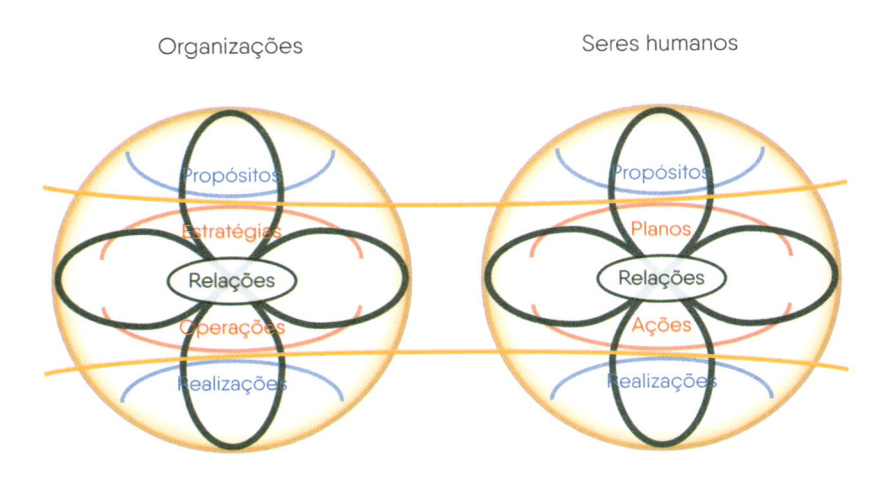

Figura 15. As organizações e os seres humanos.

Dessa forma vale a pena buscarmos entender como se estrutura o ser humano. Ciente de que somos uma unidade integral e complexa e de que qualquer segmentação feita para efeito de análise é arbitrária, vamos adotar aqui uma das formas mais ancestrais que é ver o homem como sendo constituído de corpo, alma e espírito.[39] Há muito material escrito sobre cada um deles caso o leitor queira se aprofundar no tema, mas não sendo o objetivo deste livro não entraremos em detalhes quanto ao corpo e espírito. Entretanto, vale a pena nos debruçarmos sobre a compreensão da alma. Primeiramente, cabe lembrar que para os gregos alma é sinônimo de psique. Ou seja, ao tratarmos da alma estamos falando sobre a psicologia humana. Em segundo lugar, iremos olhar para a alma a partir da perspectiva de Platão,[40] posteriormente resgatada por Rudolf Steiner,[41] que a apresenta subdividida em três aspectos distintos, relativos ao pensar, sentir e querer.[42]

---

[39] Há inúmeras referências ao uso dessa tríade, sendo uma das mais antigas a citada na *Bíblia* em Tessalonicenses 5:23.
[40] Platão, "Fedro", em *Diálogos*, vol. V. Pará: Universidade Federal do Pará, 1975, seção 253d.
[41] Rudolf Steiner, *A filosofia da liberdade*. São Paulo: Antroposófica, 2000.
[42] Para uma melhor compreensão sobre o pensar, o sentir e o querer, ver na seção "Anexos".

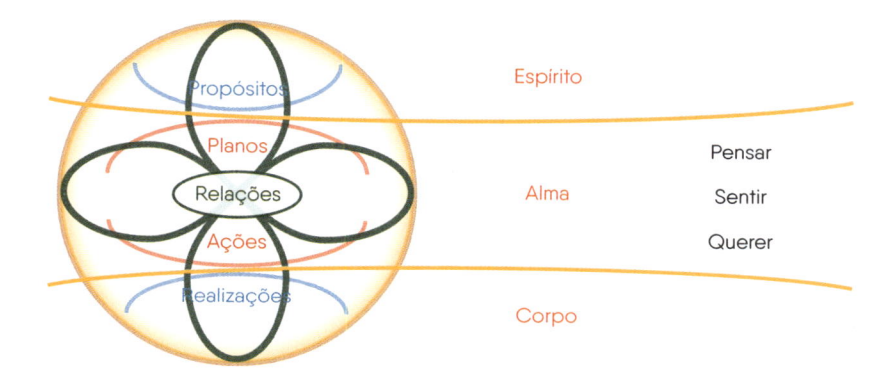

Figura 16. Estruturação dos seres humanos, segundo o modelo de Rudolf Steiner.

Estamos continuamente buscando atender as necessidades do corpo, da alma e do espírito. O corpo humano precisará durante toda a vida de elementos concretos que saciem suas necessidades fisiológicas de fome, sede, sono, sexo, excreção e abrigo. Também o espírito almeja atender às suas demandas ao buscar continuamente cumprir com seus propósitos, viver de acordo com seus valores e buscar realizar o melhor de si mesmo. Da mesma forma a alma tem suas necessidades e como cada um de seus componentes tem características peculiares, demandarão coisas específicas.

No âmbito da alma há a necessidade de atendermos às demandas relativas ao pensar, sentir e querer. Precisamos, no âmbito do pensar, ter uma compreensão clara e cristalina quanto ao sentido do que estamos fazendo e para onde estamos indo – isso nos traz serenidade. No âmbito do sentir, queremos ser amados e reconhecidos por quem nos é importante: isso nos traz pertencimento. No âmbito do querer, queremos realizar ações que nos movam na direção do que desejamos, seja de ordem física, seja espiritual: isso nos traz satisfação.

Dessa forma, percebemos como sendo cinco as necessidades humanas:
- Relativas ao corpo: necessidades materiais.
- Relativas à alma:
    › no âmbito do pensar: necessidades de racionalidade;
    › no âmbito do sentir: necessidades afetivas;
    › no âmbito do querer: necessidades volitivas.
- Relativas ao espírito: necessidades de autorrealização.

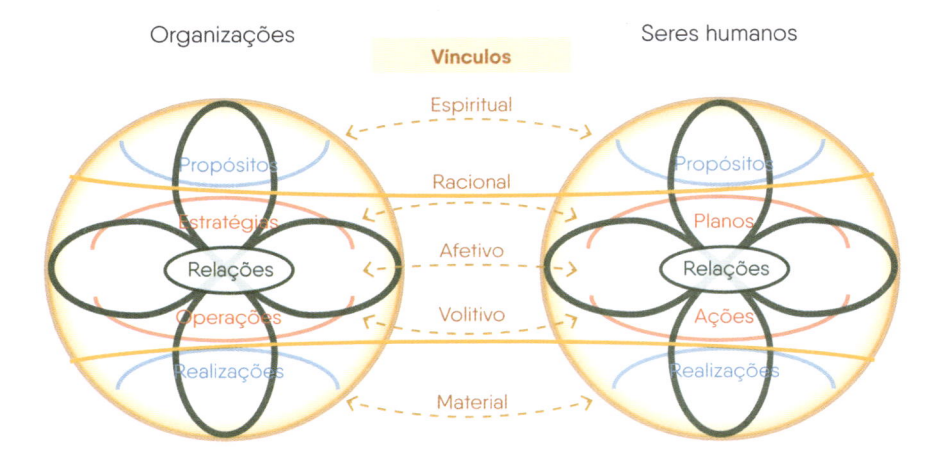

Figura 17. As organizações e os seres humanos.

Atendendo ao conjunto dessas necessidades (também humanas) é que as empresas, dependendo de como estruturam seu modo de se relacionar no mundo, atrairão – ou afastarão – as pessoas, em especial as que se tornam seus colaboradores. É algo que os indivíduos não sabem explicar exatamente, mas que os faz se sentirem bem – ou não – em determinada organização. É como se percebessem a presença de um campo vibracional, que os faz ter a sensação de "estar em casa", de pertencerem à organização. Vejamos: há inúmeros lugares para se trabalhar, mas o que levou você e as pessoas que trabalham em sua empresa a entrar e *permanecer* nela, criando vínculos com a organização?[43]

---

[43] Esse tema foi primeiramente estruturado por Jair Moggi e Daniel Burkhard em
O espírito transformador: a essência das mudanças organizacionais no século XXI.
São Paulo: Antroposófica, 2005, p. 59.

Do modo como são atendidas as necessidades é que se formarão os vínculos entre as pessoas e as empresas. O vínculo básico, que se dá na dimensão das Realizações, é o material, o da conexão mais concreta, relacionado àquilo que se pode ver e perceber do que é gerado pelas organizações. Esse certamente é um vínculo poderoso quando se pensa em atrair e reter talentos para uma organização. Nesse âmbito se encontram o lucro, a remuneração e os demais benefícios ofertados aos indivíduos. Sem os proventos materiais será muito improvável que alguém se vincule a uma organização, a menos, é claro, que possua outras fontes de renda que lhe deem essa base. Porém, é também o mais óbvio e, como se pode ver no boxe da página 72, o poder desses atrativos é de curto prazo e de relativamente baixo efeito. E ainda perde sua função quando todas as empresas de um segmento os praticam. Nesse momento, o que passa a valer, como veremos a seguir, são os demais vínculos. Mas, nesse nível, qual a contrapartida esperada dos indivíduos pelas empresas? Esperam que eles gerem valor com suas ações e entreguem produtos e serviços na qualidade, quantidade e tempo acordados.

Ao vínculo do nível das Operações chamamos de *volitivo*.[44] Refere-se à dimensão do querer humano, que, uma vez desperto, é capaz de "mover montanhas". Forte e visceral nele está o profundo desejo de fazer algo, de pôr em marcha uma iniciativa, com o intuito de transformar algo no sentido de que se acredita deveria ser. E este é talvez um dos principais desafios das organizações: despertar o querer em seus colaboradores de modo que eles estejam inteiros e engajados com suas atividades. Especialmente em um contexto de alta competitividade, numa sociedade onde os serviços se tornam cada vez mais importantes que os produtos vendidos, ter pessoas verdadeiramente motivadas fará toda a diferença. Porém, parafraseando São Gregório, o querer é uma cidadela inexpugnável. Ou seja, ninguém consegue entrar no querer do outro e fazer com que queira algo. Só conseguimos tocar o querer indiretamente e isso só pode ser feito por meio dos demais vínculos, em especial os que lhe estão acima. Assim, as empresas esperam, no nível do querer, que seus colaboradores tragam suas melhores contribuições, adequadas aos papéis e às funções que estejam sob suas responsabilidades.

---

[44] Volitivo, termo oriundo do latim e é relativo aos atos provenientes da vontade.

> Abraham Maslow, psicólogo americano, também propõe em seu trabalho que são cinco as necessidades humanas:
> - *fisiológicas*, como fome, sede, sono, sexo, excreção e abrigo;
> - *de segurança*, como sentir-se seguro em uma casa, ter um emprego estável, ter formas de cuidar da saúde;
> - *sociais ou de amor*, afeto, afeição e sentimentos tais como os de pertencer a um grupo, seja ele de estudo, trabalho, seja social;
> - *de estima*, que podem ser de autorreconhecimento de capacidades pessoais e o reconhecimento dos outros de capacidades de execução de tarefas e funções desempenhadas;
> - *de autorrealização*, em que o indivíduo procura tornar-se aquilo que ele pode ser.[45]
>
> Ao propor uma pirâmide de necessidades, Maslow indica que há uma hierarquia entre elas, sendo preciso atender primeiro às da base para se poder atender às do topo. Entretanto, entendemos que sua proposição possa ser compreendida como sendo as necessidades humanas um todo interdependente que está sendo permanentemente tecido e atualizado, não sendo necessário o atendimento pleno de uma necessidade para que se possa alcançar a outra.

    No nível das relações forma-se o vínculo *afetivo*, relativo ao sentir humano, que conecta as pessoas pelo profundo desejo, ou até mesmo, necessidade, que temos de fazer parte seja de uma nação, de uma etnia, de um grupo, seja de uma empresa ou de um projeto do qual se tenha orgulho de pertencer. Somos seres gregários: precisamos viver em comunidade, precisamos viver com outros que tenham algo em comum conosco e com eles possamos compartilhar o próprio existir. O mesmo é válido para as organizações, e, se uma determinada empresa, ou área, não despertar em alguém esse sentimento de "querer pertencer", ela terá muita dificuldade em atrair pessoas talentosas e que queiram se comprometer. A formação e a sustentação desse vínculo dependerão do ambiente que se formar na empresa ou área. Havendo espaço para a espontaneidade, para que ocorram trocas autênticas, as pessoas se sentirão razoavelmente aceitas como são. Disso emergirá um forte sentimento de pertencimento do indivíduo àquele grupo da organização. Por parte dos indivíduos, no nível afetivo, espera-se que atuem em prol do grupo, adotando uma postura de corresponsabilidade pelo ambiente da empresa.

---
[45] Abraham H. Maslow, *Motivation and Personality*. 2ª ed. Nova York: Harper and Row, 1970.

O vínculo que se forma no nível das Estratégias é chamado de *racional*, que decorre da compreensão de que aquilo que a empresa está se propondo a fazer tem nexo, que há uma nítida relação entre causa e efeito, entre passado-presente-futuro. Caso haja dúvida nesse nível, mesmo que haja vínculos fortes nos níveis anteriores, o efetivo engajamento num plano de ação estabelecido será prejudicado. Quanto mais claras, coerentes e lógicas forem as estratégias implementadas, mais firmes as justificativas serão quando questionadas, e gerarão a sensação de que se está no rumo certo. Líderes que não admitem ser questionados terão cada vez mais dificuldade de sustentar seus projetos, pois as pessoas talentosas permanecem nas organizações por uma escolha. E o caminho que está por detrás da escolha tem que estar claro e convincente. No âmbito do vínculo racional, o esperado dos indivíduos pelas empresas é que estejam atentos às demandas dos clientes (sejam eles internos, sejam externos) e contribuam com criatividade e coerência para atendê-las.

O vínculo superior, no nível dos Propósitos, é o *espiritual*, que se forma a partir, do lado do indivíduo, da percepção de que haverá acolhimento para aspectos sutis relativos ao significado do trabalho, aos valores, às crenças, à visão de mundo e aos projetos futuros. Do lado da empresa, tal vínculo se formará se houver a percepção de real engajamento do indivíduo à sua missão, valores e visão. Nesse domínio o que vale não é o que se escreve, mas, sim, o que se pratica e se vive no dia a dia, sobretudo pela alta direção da empresa. Se no nível tanto da direção como dos gerentes e colaboradores for praticado o que se define nos Propósitos será possível superar eventuais divergências ou dificuldades temporárias que surjam nas outras dimensões. Como disse Fabio Luchetti, presidente do grupo Porto Seguro: "Não há discurso que sobreviva aos atos do líder."[46] Um líder ter um discurso "marqueteiro" lindo, sem a contrapartida da atitude cotidiana, gerará uma enorme dissonância nos liderados, e isso fatalmente se voltará contra ele, ou ela. Um líder consciente de seu papel investirá tempo para desenvolver seu olhar quanto à essência da organização e, sendo coerente, transmiti-la em discurso e prática aos seus liderados.

No mundo organizacional, há pessoas que são atraídas pelo pacote de remuneração proposto (do vínculo material), mas que, caso se deparem com práticas que considerem antiéticas (do vínculo espiritual), se sentirão tão desconfortáveis que só lhes restará pedir demissão. E o contrário

---

[46] Fabio Luchetti em entrevista a Cláudio Marques para o jornal *O Estado de S. Paulo*, 23/02/2015. Disponível em http://economia.estadao.com.br/blogs/radar-do-emprego/2015/02/23/nao-ha-discurso-que-sobreviva-aos-atos-do-lider.

também é verdadeiro. Há executivos que têm alta *performance*, mas, se para isso fizerem ações que na perspectiva da empresa são antiéticas, dificilmente serão tolerados. Ou se forem, será passada para toda a empresa a mensagem de que entregar os resultados está acima dos valores.

Há ainda profissionais que, cansados da extenuante rotina das grandes empresas, sonham em trabalhar para alguma ONG cujo projeto de melhorar o mundo lhes seja totalmente inspirador (do vínculo espiritual). O problema, ainda hoje, é que muitas vezes elas não podem oferecer uma proposta financeira suficiente (do vínculo material) para a manutenção de um padrão de vida que se tinha até então, de modo que a proposta lhes é pouco atraente. O ideal, certamente, é que se concilie propósitos e realizações.

> Em pesquisa feita pela McKinsey & Company, conceituada empresa norte-americana de consultoria, fica evidente a necessidade de uma abordagem da gestão de pessoas que leve em consideração as dimensões sutis dessa relação. Entrevistando mais de mil executivos em todo o mundo, chegou-se à conclusão de que a oferta em dinheiro tem efeito de curto prazo no engajamento do profissional, e que se mal aplicada pode gerar consequências indesejáveis. Segundo a pesquisa, o fundamental é obter um equilíbrio entre os aspectos financeiros e os não financeiros, "fazendo os empregados sentirem que a sua companhia os valoriza, leva a sério o seu bem-estar e busca criar oportunidades de crescimento para suas carreiras".[47] Entre os itens não financeiros mais citados na pesquisa, estão "oportunidade de liderar projetos, valorização e reconhecimento do chefe imediato, e atenção da liderança da empresa, como oportunidades para conversas individuais com os líderes".[48] Observe que esses itens estão no nível das Estratégias e das relações, mas que emanam dos Propósitos, em especial dos valores que a empresa efetivamente pratica.

Mantidos fortes e presentes os vínculos acima, o profissional permanecerá com o desejo de continuar com a empresa, e vice-versa. Portanto, os dois lados têm que zelar pela qualidade desses vínculos, pois, tratando-se de relação entre dois organismos vivos, e por conseguinte mutáveis, o que foi conquistado ontem não garantirá a continuidade da relação amanhã.

---

[47] Martin Dewhurst, Matthew Guthridge e Elizabeth Mohr, *Motivating People: Getting Beyond Money*. Disponível em www.mckinsey.com/business-functions/organization/our-insights/motivating-people-getting-beyond-money.
[48] *Ibidem*.

A gestão dos cinco vínculos vistos anteriormente precisa ainda levar em conta um outro fator relevante. Há que se considerar a fase da vida de cada colaborador. Pessoas mais jovens, que estão buscando conquistar uma base material para suas vidas, tendem a ser mais suscetíveis aos encantos dos bens relativos ao vínculo material. Certamente isso não é uma regra, pois há jovens que estão profundamente conectados aos seus propósitos, sendo o apelo financeiro de menor importância. Porém, conforme vai havendo um maior amadurecimento do indivíduo, normalmente ele se torna cada vez mais crítico quanto às práticas da empresa e valoriza mais os vínculos superiores.

Enfim, a relação entre a empresa e as pessoas tem caráter orgânico, de uma permanente troca entre as partes que, se for percebida como positiva, será mantida. Caso contrário se buscará, de ambos os lados, outros vínculos mais significativos. Por serem delicados e dinâmicos, os vínculos requerem um cuidado diário. Haverá dias em que, diante dos embates comuns do dia a dia, alguns vínculos estarão mais fortes e outros mais frágeis. O fato é que estando os vínculos fortalecidos cada indivíduo dará, nos cinco níveis, o melhor de si e, por consequência, sua *performance* será diferenciada. Sendo isso um fenômeno que envolve a maior parte dos integrantes de uma empresa, ela tenderá a gerar realizações que a destacarão no mercado.

Esfera das Forças Estruturantes

A esfera das Forças Estruturantes é a que dá integridade e vitalidade ao Núcleo Estrutural da organização. Estando no âmbito do sutil e do onipresente, qual uma quintessência, as Forças Estruturantes nutrem, pautam, dirigem e integram, transmitindo a força de seu pulsar e sua identidade única.

Uma metáfora sobre as Forças Estruturantes

Usaremos uma metáfora para apresentar de modo simbólico o que são as Forças Estruturantes de uma organização, relacionando esse conceito ao mundo físico observável, assim como já fizemos quando abordamos o Núcleo Estrutural. Mostramos então que a dimensão dos Propósitos tem papel fundamental para a sustentação de uma organização e ela tem por correlato o elemento FOGO, daí ser denominada de "chama sagrada" das organizações.

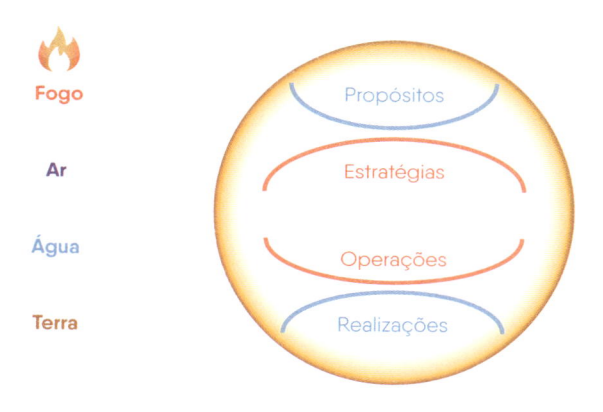

Figura 18. As quatro dimensões e os quatro elementos.

    Dando continuidade à metáfora, convém entender quais são as dinâmicas físicas responsáveis por iniciar e sustentar acesa uma chama. Para que isso ocorra é necessário que estejam presentes três componentes: o *combustível*, que fornece energia para o processo; o *oxigênio*, que como comburente reage com o combustível, e o *calor*, necessário para desencadear a reação química entre combustível e oxigênio. A intensidade e a duração da chama variarão de acordo com a qualidade, a quantidade e o equilíbrio entre esses três componentes. Na imagem 19 podemos ver o que é denominado de "o triângulo do fogo".

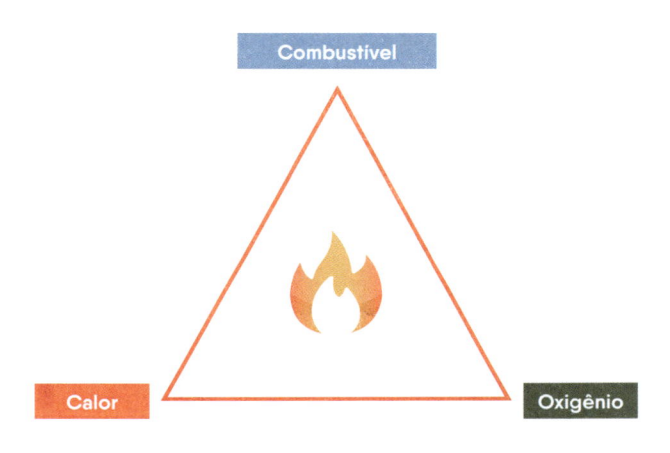

Figura 19. O triângulo do fogo.

Mas como seria o "triângulo do fogo" das organizações cujos componentes manteriam acesa a chama de seu propósito? Assim como o combustível, o Capital é a base dessa chama, que traz matéria ao processo, aportando capacidades financeiras, intelectuais, naturais, humanas, etc. Há capital disponível no mundo para todo tipo de empreendimento; contudo, ele em si não basta. As empresas, para nascer e se sustentar, necessitam da energia e da intensidade do Poder, com seu calor ou sua faísca. Porém, para que surja fogo, ainda é necessário o oxigênio de um contexto adequado para nutrir a chama. Esse contexto, sutil, é a Cultura. Uma iniciativa potencialmente de grande valor, se estiver fora do campo de percepção e de crenças da própria empresa, ou do contexto de seu mercado, dificilmente prosperará. Da mesma forma que no fogo físico, a qualidade e a quantidade dos componentes, bem como o equilíbrio entre esses componentes, afetarão a intensidade e a duração desse fogo sutil. Isso é que manterá o Propósito vivo e a empresa saudável, pois é dele o papel de orientar todas as ações das demais dimensões estruturais. Assim, compreendemos que Capital, Poder e Cultura se constituem como Forças Estruturantes de uma organização, responsáveis por manter aceso o seu fogo sutil.

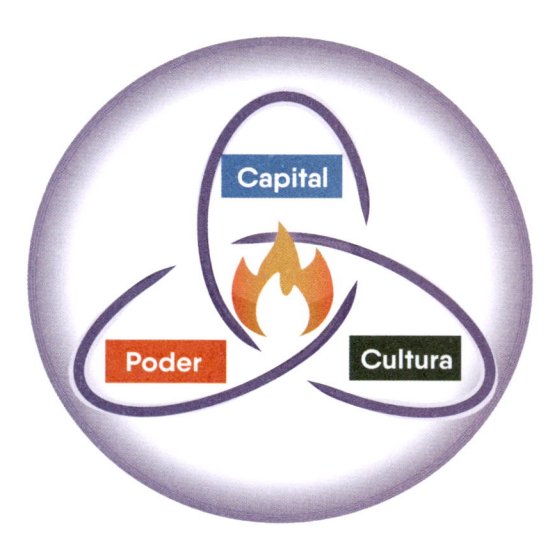

Figura 20. As Forças Estruturantes e o fogo sutil.

Como vimos anteriormente, o domínio do fogo teve papel fundamental no desenvolvimento da civilização humana. Ao usar suas capacidades analíticas, o homem primitivo "deixou de temer o fogo para dominá-lo, fazendo fogueiras, inventando tochas, posteriormente velas, então fornos e ainda fundições".[49] Da mesma forma que o domínio sobre o fogo físico transformou a presença humana na Terra, a capacidade de dominar o fogo sutil abriu ao ser humano múltiplas e inimagináveis possibilidades. Sobretudo a partir do Renascimento, no fim do século XIV, abriu-se um espaço para uma nova forma de se compreender a realidade, seja do ponto de vista das artes, das ciências, seja do comércio. As grandes navegações, ocorridas entre o século XV e o início do século XVII, acima de tudo, foram empreendimentos que visavam estabelecer novas rotas de comércio com o objetivo de angariar riquezas, e com elas poder, primeiramente pelas então nascentes nações europeias, Portugal e Espanha. O enorme sucesso obtido fez com que fossem logo seguidas por Holanda, Inglaterra, França e Suécia, que constituíram, cada uma, as chamadas Companhias das Índias, cuja influência reconfigurou a geopolítica de então, com reflexos até os dias de hoje.

---

[49] Harry Binswanger, *How We Know: Epistemology on an Objectivist Foundation*. Nápoles: TOF Publications, 2014, p. 153.

O empreender de forma estruturada, concatenando as questões e os interesses dos âmbitos do capital, do poder e da cultura, ampliou nossos horizontes em todos os sentidos, tendo sido, desde então cada vez mais aprimorado. E o que é marcante na Revolução Industrial (entre 1760 e 1840) é o fato de empreendedores terem se tornado capazes de dominar o fogo sutil das organizações e fazerem toda sorte de empreendimentos, cada vez maiores e mais elaborados, que repercutiram em todo o tecido social. Ao aprenderem a fazer "novas fogueiras" e mantê-las acesas, passaram a atrair – por proteger, aquecer e melhor nutrir – um número crescente de indivíduos, amplificando o impacto da presença humana na Terra e transformando de modo irreversível nossa civilização.

Assim como o fogo vem sendo utilizado para benefício da coletividade – gerando energia para o aquecimento doméstico, o cozimento de alimentos e o avanço das indústrias –, o fogo também pode gerar graves problemas sociais quando se perde o controle sobre ele ou quando o utilizamos indevidamente. A poluição, o incêndio de moradias, a queima de plantações e florestas, a morte de pessoas e animais, a destruição de acervos do conhecimento humano (como templos ou bibliotecas) têm sido testemunhados em todas as civilizações.

De modo semelhante, o fogo sutil se mostrou tanto ou até mais poderoso que o fogo físico, trazendo inúmeros benefícios a um crescente número de indivíduos, como, por exemplo, na geração de emprego e renda, na grande oferta de bens de consumo, alimentos, meios de comunicação e transporte, assim como no amplo acesso a informação, educação e cultura. Contudo, tem causado considerável dano ao meio ambiente, tanto pela poluição e pelo uso desmedido dos recursos naturais como pelo descaso com a biodiversidade, seja em termos agrícolas, seja em termos sociais. A questão, portanto, não é o empreender em si, mas a responsabilidade diante dos impactos gerados por aqueles que empreendem. Atualmente, são cada vez mais raros os incêndios nas cidades, fábricas e plantações, pois fomos, ao longo de séculos, aprendendo a cuidar do fogo físico. Porém, quanto ao fogo sutil, ainda estamos aprendendo a dominá-lo. Mas há pressa em fazê-lo, haja vista as evidências do impacto do atuar humano na Terra e de suas implicações para as gerações futuras.

As Forças Estruturantes:
pautando, gerindo e integrando o Núcleo Estrutural

É no âmbito das Forças Estruturantes que ocorre o mais incrível fenômeno de nossa civilização, responsável pelo ininterrupto processo de transformação de nossa sociedade desde o início da presença humana em nosso planeta: o empreender. Tanto como ação individual ou coletiva, como ação formal ou informal, pode ser efetivado dentro ou fora de uma organização. A criatividade humana, imprevisível, incontrolável, infinita, aliada ao profundo desejo de trazer alguma coisa nova ao mundo, transforma, ao se empreender, algo absolutamente sutil, espiritual, como uma ideia, um sonho, em algo tangível e material, como um produto ou serviço. A partir da observação e da percepção das necessidades e das carências do mundo, sejam estas manifestas, sejam latentes, o homem surpreende e cria soluções de toda ordem.

Para transformar a ideia em algo concreto, quem empreende precisará aportar *capital* que sustente a iniciativa, exercer seu *poder* para executá-la, e intuir a *cultura* em que está inserido, seja para afirmá-la ou contestá-la. Quanto mais instigante for o empreendimento, mas atrairá recursos e pessoas. Quanto mais influente se tornar, mais poder terá para influenciar a cultura em que estiver imerso.

Tais domínios sutis – Capital, Poder e Cultura – agem em conjunto e estão presentes em todas as organizações, sendo interdependentes e fundamentais para sua existência e preservação. São responsáveis por pautar, gerir e integrar as dimensões estruturais, fazendo com que Propósitos, Estratégias, Operações e Realizações sejam um todo vivo e organizado.

Como estamos num âmbito sutil, devemos entender cada um dos domínios a partir dessa característica. Do *capital*, compreendido aqui de forma ampla,[50] provém o impulso para a formação da empresa e a estruturação de seu controle (também a sua propriedade, se for uma empresa privada). Irá, assim, definir o propósito inicial, e este influenciará sua estratégia. O *poder*, entendido no âmbito da governança, por sua natureza é delegado pelos detentores do capital, sendo sempre norteado pela cultura ao determinar como a organização deve atuar para que o propósito

---

[50] No tópico "As três Forças Estruturantes", será explicado em detalhes como *capital*, *poder* e *cultura* são compreendidos neste livro.

se realize. Já a *cultura*, que está sempre em processo de formação e transformação, é afetada e afeta os demais domínios, determinando os padrões que serão valorizados no universo interno e externo das relações dessa organização, o que trará implicações para todo o conjunto. Não se pode entender uma das Forças Estruturantes sem entender as demais, e a mudança de uma fatalmente alterará as outras.

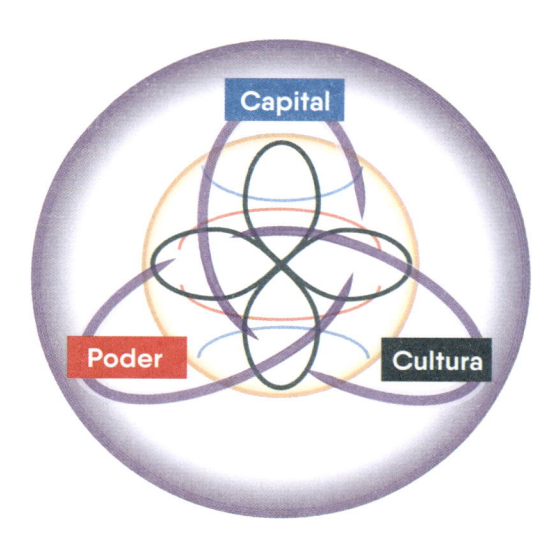

Figura 21. A Quintessência regendo o Núcleo Estrutural.

Em uma empresa os domínios capital, poder e cultura se entretecem formando uma delicada película que opera como uma membrana permeável. Essa membrana estabelece as fronteiras com o mundo externo à organização, influenciando-o e sendo por ele influenciada, fazendo trocas de informação quanto às tendências do mercado, de valores que se praticam na sociedade e de novos *modus operandi*. Como a tríade capital, poder e cultura está presente em todas as organizações, há na sociedade legislações, práticas e costumes para regular as questões relativas a cada um deles. Assim, cada um desses domínios em uma empresa se conecta diretamente à sua contraparte na esfera superior da sociedade.

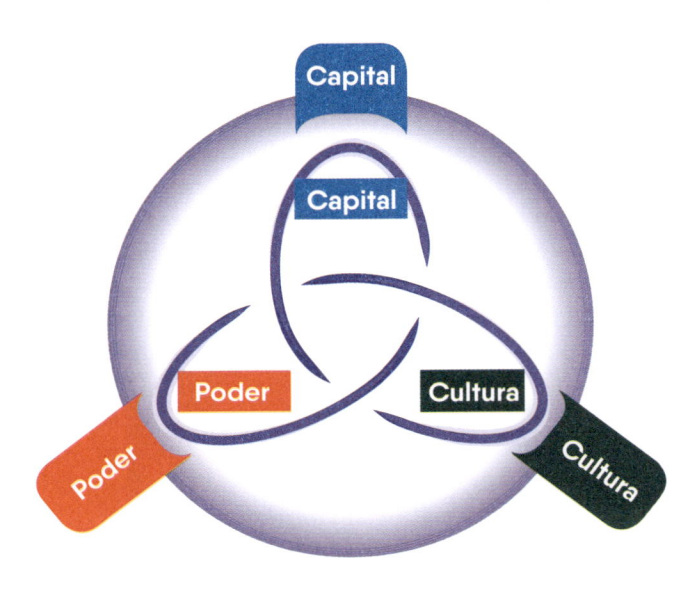

Figura 22. Forças internas e externas.

O *capital* de uma empresa interage com o capital da sociedade em que ela está inserida, e isso ocorre da mesma forma com o poder e a cultura. A permanência do capital em uma iniciativa, por exemplo, será permanentemente questionada pelas demais alternativas de investimento disponíveis no mercado. Isso vale para o capital financeiro, mas também para os demais tipos, como o capital intelectual, social, etc. Se houver algo mais atraente em outra organização, é possível que esse capital busque lá sua melhor expressão.

O *poder* deve ser exercido dentro da empresa em consonância com o que é aceito e validado na sociedade, submetido às suas leis fiscais, trabalhistas, comerciais e cíveis, e às suas tradições culturais. Mas deverá, também, zelar pelas fronteiras da organização, mantendo preservados os direitos de outros agentes do mercado. Deve, ainda, cuidar para que as naturais influências dos diversos stakeholders ajudem na realização de seu propósito, sem perder o foco.

No tocante à *cultura*, seu papel é gradualmente ampliado na constituição da membrana. Geralmente muito tênue nos primeiros momentos, ganha força à medida que a empresa se desenvolve no mercado, e será o que vai determinar o grau de maleabilidade ou rigidez da membrana em relação às influências da cultura externa. Uma cultura sadia manterá a empresa devidamente integrada ao contexto de seu mercado; porém, caso fique muito rígida, tornará a empresa impermeável às alterações de seu meio. Fechada em si mesma, com o ar viciado, pode até morrer asfixiada em suas crenças e verdades. Quando há sintomas dessa natureza, é necessário oxigenar a empresa com novas pessoas e ideias, renovando assim a cultura. No conjunto, a dinâmica dessas três forças com o meio externo é que expressará sua identidade única como organização.

Em decorrência da interação entre as três Forças Estruturantes, haverá sempre uma tensão, tornando permanente o desafio de mantê-los operando de modo funcional. Uma tensão muito baixa tenderá a levar o negócio à estagnação. Uma tensão exagerada poderá causar rupturas danosas. Em uma empresa já madura, por exemplo, o capital pode exigir de quem estiver à frente do poder de gestão uma transformação para tornar a empresa mais competitiva e rentável. Neste caso, a resposta do poder terá que levar em conta não só os interesses da mudança do capital, mas também os de conservação do *status quo* por parte daqueles do atual grupo gestor, sem se esquecer das características da cultura vigente na organização. A cultura, em permanente processo de transformação, pode estar alinhada às demandas por uma melhor qualidade de vida dos colaboradores, resistindo assim às mudanças que possam elevar o nível de estresse. Vejamos, a seguir, as características de cada um desses domínios.

As três Forças Estruturantes

O Capital

O sistema econômico no qual vivemos é denominado capitalismo, o que indica a relevância do capital na sociedade contemporânea, assim como nas organizações. Porém, o significado de capital precisa ser ampliado, visto que ele é muito mais do que sua face financeira. Esse fato fica mais evidente hoje, pois como dissemos no início do livro,[51] com o crescente processo de sutilização do mundo, as mais valiosas empresas atualmente têm pouquíssimos ativos tangíveis, como bens materiais, por exemplo. E o que as tornaram tão poderosas foi muito mais do que o capital financeiro.

> A palavra "*capital*" tem sua origem na palavra *caput* (cabeça, em latim) e a princípio designava "o que está acima dos outros; principal, dominante".[52] Hoje é usada como adjetivo e substantivo, como o "que importa ou diz respeito à cabeça, à vida de uma pessoa (ex.: pena capital)", ou a algo que seja "principal, essencial, fundamental". Em termos econômicos, seu significado está diretamente ligado a "valores, dinheiro, numerário", ou àquilo "que constitui fundo ou valor, susceptível de produzir lucros".[53]

Pelo conceito de *Quintessência*, entendemos capital como um conjunto de capacidades interdependentes aportadas pelos integrantes de uma empresa, sobretudo seus fundadores, que permitem que ela ocupe seu lugar único no mercado.

A seguir, listamos alguns aspectos do capital:[54]

---

[51] No tópico "O poder das ideias".
[52] Cf. *Dicionário Etimológico*. Disponível em https://www.dicionarioetimologico.com.br.
[53] Cf. *Dicionário Priberam da Língua Portuguesa*. Disponível em www.priberam.pt.
[54] Para outras referências sobre os tipos de capital, ver Claire Boyte-White, "What Are Some Examples of Different Types of Capital?", *Investopedia*. Disponível em www.investopedia.com/ask/answers/032715/what-are-some-examples-different-types-capital.asp; Forum for the Future, "The Five Capitals". Disponível em www.forumforthefuture.org/project/five-capitals/overview; ou Maureen Kline, "The 6 kinds of capital your business can't survive whithout", *Inc*. Disponível em www.inc.com/maureen-kline/the-6-kinds-of-capital-your-business-can-t-survive-without.html.

- **Capital intelectual**
Capacidade de pensar e criar o futuro por meio de soluções aplicáveis ao negócio a partir dos conhecimentos sobre determinado mercado, assunto ou tema. É o mais importante dos capitais, pois quem consegue intuir as demandas do mercado para desenvolver soluções inovadoras tem grande diferencial competitivo. Pode ser expresso na concepção de novos produtos e serviços, na estruturação de um novo modelo de negócio, no melhor atendimento de um mercado, em uma marca, ou uma patente.

- **Capital financeiro**
Montante de recursos financeiros necessários para a estruturação e a operação de um negócio, podendo pertencer ao fundador, a investidores, ou a terceiros, na forma de crédito concedido como empréstimo (para obtê-lo, os demais capitais são essências).

- **Capital humano**
Conhecimentos, habilidades e atitudes das pessoas que compõem o quadro de colaboradores de uma organização e que têm domínio do *know-how* que a diferencia no mercado. Seu valor aumenta de acordo com a qualificação técnica, gerencial e, sobretudo, pela inteligência emocional dos integrantes de uma empresa, além do engajamento com o propósito da mesma. É o capital que possibilita a integração das estratégias do negócio e a sua implementação.

- **Capital relacional (ou social)**
Capacidade de articular os relacionamentos para estruturar, iniciar e viabilizar um negócio. Usualmente tem como base a reputação dos que encabeçam o negócio em seu *networking*, pois será isso que lhe dará acesso a clientes, fornecedores, investidores e créditos.

- **Capital espiritual**
Capacidade de trabalhar na esfera da imaginação, inspiração e intuição, mantendo a organização conectada à sua razão de ser de modo que ela possa efetivamente ofertar o seu melhor à sociedade. Também é a base dos princípios morais e éticos que embasam a conduta dos integrantes para atuar dentro e fora da empresa.

O equilíbrio entre esses distintos aspectos é um dos desafios da manifestação do capital. Caso esteja vinculado somente às expressões intelectual e financeira, o que é cada vez mais comum, as questões humanas, naturais e espirituais tenderão a ser negligenciadas. Se o "dar lucro" deixar a dimensão das Realizações (no qual é fundamental) para se posicionar como um propósito em si mesmo, trará sérias implicações aos domínios do poder, da cultura e, por conseguinte, a todas as dimensões estruturais da organização.[55] De modo semelhante, caso a dimensão financeira seja negligenciada, o empreendimento poderá se tornar inviável.

Ao contrário do que se pensa, de todos os capitais citados, o que se obtém mais facilmente é o financeiro. Tendo-se, por exemplo, um bom capital intelectual, será possível elaborar um plano de negócios convincente para atrair sócios. Ou, tendo o empreendedor um alto capital relacional, isso aumenta suas chances de receber um empréstimo de alguém que nele confie ou, então, de ganhar o aval para captar recursos no mercado financeiro. O fato é que atualmente há inúmeros investidores interessados que, como indivíduos ou instituições, não estão encontrando bons projetos para financiar.

Temos visto nos últimos anos, em especial nos Estados Unidos, onde há um ambiente de negócios mais favorável, o surgimento de grandes organizações que emergiram do uso otimizado dos capitais citados anteriormente. No início desses negócios, certamente, o capital financeiro foi um dos menos influentes.

Qualquer que seja o tipo de capital, é necessário muito discernimento ao usá-lo; afinal, se é árdua sua conquista, consumi-lo pode ser muito fácil, principalmente o capital relacional. Assim, antes de sair "gastando" o *networking* do pessoal da empresa, é importante se preparar, fazendo uma reflexão sobre como estão sendo aplicados os outros capitais.

De todos eles, o menos óbvio, mais valioso e difícil de avaliar é o capital espiritual. De nada adianta a um empreendedor conquistar um sócio ou investidor, com elevado capital das outras ordens, se este não estiver em sintonia com seu capital espiritual. Caso o negócio decole, no primeiro impasse ético – seja com clientes, fornecedores, seja com o governo –, as divergências poderão gerar fissuras de difícil reparo na relação.

A origem do capital financeiro, por sua vez, terá impacto tanto nos domínios do poder e da cultura como no modo como a organização será gerida. Se o capital for do próprio empresário, isso lhe dará grande autonomia, liberdade e agilidade, o que pode ser muito bom, ou muito ruim, dependen-

---

[55] Concordo com Peter Blom, *chairman* e CEO do banco holandês Triodos, quando, citando Rudolf Steiner, diz que "o lucro não deveria ser um objetivo em si, mas, sim, um sinal de uma operação saudável, emergindo de transações saudáveis". Disponível em facelightsup.blogspot.com.br/2012/12/human-business-humanity-profits.html.

do de como os demais capitais serão usados. Será positivo se for utilizado para aproveitar oportunidades e prontamente fazer ajustes diante de problemas inesperados. Porém, grande liberdade financeira com baixo capital intelectual tenderão a resultar em uma gestão errática e intempestiva.

Para atrair capital externo, em primeiro lugar é necessário fazer um bom e consistente plano de negócios, que deve ser apresentado, debatido e ajustado entre as partes interessadas. Isso em si tende a ampliar as chances de sucesso de um empreendimento. No caso de se encontrar um capitalista disposto a investir em determinado projeto, poderá haver também o aporte de seus outros capitais, além do financeiro (como o intelectual e o social). Havendo a vinculação dele à causa, ao propósito do negócio, pode haver alguma flexibilidade quanto ao que foi inicialmente planejado. Entretanto, se for o capital externo de um fundo de investimento, o processo tenderá a ser mais frio e objetivo, cobrando resultados conforme o que constar no plano de negócios. Novamente, um tipo não é melhor que outro, mas ambos trarão implicações para os demais domínios do poder e da cultura.

> Se o capital vier na forma de doação a uma ONG, por exemplo, isso terá impacto na forma como ela será gerida. E entenda-se capital aqui como o financeiro e também o humano. No aspecto financeiro, se não houver pressão por resultados materiais no curto prazo, haverá menor tensão no ambiente de trabalho, o que não é necessariamente positivo. No aspecto humano, se os colaboradores estiverem atuando como voluntários, sua vinculação ao propósito da organização será forte, mas a maneira como serão cobrados pelos gestores não seria a mesma caso fossem remunerados.

Como veremos com mais detalhes,[56] as empresas passam por transformações durante seu processo de crescimento, o que também exige diferentes combinações de capitais para aproveitar as oportunidades e enfrentar as crises que encontrará no caminho.

O cálculo do retorno sobre os capitais investidos estará sempre vinculado à polaridade Propósitos/Realizações. Assim como se espera que uma indústria priorize a obtenção de lucro (pois é o que a manterá viva e capaz de investir em seu futuro), espera-se que uma associação benefi-

---

[56] No tópico "Fases do desenvolvimento organizacional".

cente propicie bem-estar ao seu público-alvo (pois é o que permitirá que ela continue a captar recursos). Se os Propósitos ou as Realizações não forem alcançados, a maneira como o poder está sendo usado será questionada por quem aporta o capital.

O Poder

Poder, para o teólogo e filósofo Paul Tillich, é o "impulso de tudo o que vive para realizar a si mesmo" na busca pela "autorrealização".[57] Embora presente em todos, ele se manifesta nas pessoas em diferentes graus. Quando esse impulso, esse querer, se mostra de forma mais evidente, não só é percebido como pode inspirar respeito pela admiração que causa, ou rejeição, pelo desconforto, ou até mesmo raiva e medo. O fato é que o poder move o mundo e, sem essa energia, não basta ter capital disponível nem cultura favorável para se colocar em marcha um empreendimento.

> Poder, neste livro, é entendido a partir da palavra grega *kratos*, que significa domínio para reger, governar, articular, ter a gestão, supervisionar e controlar. O termo "kratos" aparece em palavras como democracia, burocracia e meritocracia.

Em uma empresa, qual a fonte do poder? Vimos que o capital inicia e sustenta um negócio, conectado com quem está a sua frente, geralmente um empresário ou executivo indicado para a função cuja atuação mantém todos unidos. Quem detiver o poder terá o "calor", a força necessária para liderar e cuidar da *gestão*, seja de uma ONG, um clube, seja uma empresa. À medida que aumenta, ele passa a ser atribuído à empresa em si, porém atrelado ao desempenho e à imagem da organização. Por ser volátil, uma inovação significativa é capaz de levar uma empresa a adquirir rapidamente muito poder em seu mercado. Do mesmo modo, uma crise tornada pública pode corroer o que a empresa tinha conquistado.

---

[57] Paul Tillich *apud* Adam Kahane, *Poder & Amor: teoria e prática da mudança social*. São Paulo: Editora Senac, 2010, p. 33.

Em um sistema democrático quem detém o poder é o povo, que o delega, por meio das eleições, a quem é percebido como sendo possuidor das capacidades necessárias para realizar os objetivos desejados pela sociedade. Porém, por se tratar de algo intangível, a percepção dessa capacidade pode ser volátil, e, tanto em uma empresa como em uma nação, podem ocorrer escolhas que a princípio pareciam ser adequadas e na prática se mostraram desastrosas. O contrário pode também ocorrer, mas é mais raro. De qualquer forma, só adquirem poder pessoas que são reconhecidas como sendo aptas em seu meio, seja em uma nação, seja simplesmente, em um departamento organizacional.

Em qualquer tipo de organização é necessário que o poder de gestão seja gradativamente delegado a outras pessoas, sob o risco de ter seu desenvolvimento estagnado, caso fique restrito a uma única pessoa ou departamento.[58] Como representantes da empresa, é necessário que os executivos sejam empoderados para que cumpram plenamente sua função, de modo que a empresa possa atingir seus objetivos com consistência ao conectar Propósitos e Realizações, transformando suas Estratégias em Operações. Na prática, se percebe que, quanto mais os gestores estiverem conectados às questões estruturais da empresa, atuando como porta-vozes das três Forças Estruturantes, mais poder e influência terão.

O grau de delegação varia conforme a cultura de cada empresa, havendo as que mantêm o poder concentrado e aquelas em que ele se dilui num grande grupo de gestores. Esse segundo caso é o que se tem mostrado mais eficaz em nosso mundo organizacional contemporâneo, pois, quanto maior for o número de colaboradores com autonomia (estando essa autonomia delimitada e conectada aos Propósitos da empresa), maior o número de clientes e demais stakeholders prontamente atendidos. Ou seja, quanto mais profissionais de uma empresa estiverem empoderados, mais ágil e eficiente será o seu atendimento, pois poderão tomar decisões com brevidade e assertividade. Há hoje uma clara tendência de crescimento do setor de prestação de serviços em nossa economia e, portanto, maior é a necessidade de se ter gestores e colaboradores que sejam capazes de falar em nome da empresa na busca de melhor atender aos clientes e salvaguardar os interesses da organização.

Quando há delegação de poder a uma determinada pessoa, isso significa que ela foi considerada, por pessoas mais qualificadas, como sendo capaz de representar a empresa em seu âmbito de atuação e de lidar com as demandas e os desafios a que estiver submetido. Assim, uma delegação

---

[58] Veremos essa questão com mais detalhes no tópico "Fases do desenvolvimento organizacional".

bem elaborada é um processo no qual, gradativamente, vai se transferindo poder a uma pessoa à medida que se perceba nela as aptidões técnica, social e emocional necessárias para exercê-lo. Ocorre que a percepção de prontidão varia de acordo com a cultura de cada empresa. Há empresas onde ocorre o que se costuma chamar de "delargação", em que um gestor, normalmente com excesso de coisas para fazer, "larga" o problema na mão de um subordinado sem os devidos esclarecimentos quanto ao que fazer e a quem envolver e ainda sem um processo minimamente estruturado de acompanhamento. Conforme o grau de complexidade da ação a ser executada, isso pode representar um alto risco para todos, pois, dependendo do grau de preparo prévio, da maturidade e do bom senso do profissional que ficou encarregado da execução os resultados podem ser muito ruins. Isso pode queimar a imagem desse profissional, desgastar o seu chefe, mas sobretudo pode afetar a reputação da empresa.

Mas há também o contrário. Empresas cujos detentores do poder não julgam que os demais profissionais estejam aptos à tomada de quaisquer decisões mais complexas. Concentram assim o poder e, por sua forma de agir, mantêm a equipe infantilizada. Isso acaba criando um círculo vicioso, pois afasta os profissionais mais competentes, atraindo pessoas mais dependentes, que agem de modo a reforçar a imagem de que são incapazes mesmo. Assim, esses gestores não formam sucessores e acabam se sentindo insubstituíveis, o que, além de ser uma grave ilusão, é péssimo para o futuro da empresa.

O desafio é encontrar o devido equilíbrio e praticar a delegação de forma consciente e permanente, partindo dos seguintes princípios:
- para se manter competitivo, delegar é mandatório;[59]
- adultos querem ser tratados como adultos; assim, delegue o poder que podem assumir;
- para que ela seja consistente há que se criar sistemáticas de delegação que adequadas à cultura de cada empresa, estruture algo que seja praticado por todos os líderes e o delegar seja um dos pontos de avaliação da competência de um líder (há empresas onde isso é feito com maestria);
- delegar é o melhor modo de se formar futuros líderes da empresa. Aliás, é fácil ver se a sistemática de delegação está sendo aplicada a

---

[59] Temos no Brasil uma legislação trabalhista que, a pretexto de proteger os trabalhadores, dificulta e encarece a contratação de profissionais qualificados pelas pequenas e médias empresas. Isso cria um abismo de qualificação entre os donos das empresas e seus subordinados, tornando difícil a delegação de poder, afetando, com isso, sua governança e comprometendo suas perspectivas de sucesso a longo prazo.

uma empresa pela sua capacidade de gerar internamente os sucessores de seus atuais líderes;
- delegar levando em consideração os vínculos entre as pessoas e a organização, conforme já visto no capítulo "Vínculos homem-organização".

A delegação, porém, é o primeiro estágio, funcionando como uma carta de crédito que alguém recebe para começar a atuar na organização. Usualmente não está atrelada a um prazo específico, mas, sim, com os resultados a serem alcançados. Não está excluído, no entanto, um mandato por tempo definido ou até a conclusão de algum projeto. De qualquer modo, todos os que, de alguma maneira, forem afetados pela atuação do recém-empoderado estarão na expectativa de saber como ele vai agir. Se bem avaliado, haverá a consolidação do poder e, com isso, emergirá a liderança. Entretanto, por também ser algo volátil e circunstancial, o poder de um indivíduo pode rapidamente cambiar entre os integrantes de uma empresa ou grupo, caso perca as credenciais que o levaram a conquistá-lo.

É curioso notar o que a palavra "poder" causa nas pessoas. Há certo estranhamento ao vê-lo alocado no âmbito das Forças Estruturantes, a mais sutil dimensão de uma organização, pois o termo está comumente associado a algo vil. Adam Kahane, escritor e consultor canadense, assim como outros autores,[60] denomina o aspecto positivo como "poder para" e o negativo como "poder sobre". Enquanto o primeiro direciona os esforços para se atingir um propósito, o segundo impõe aos demais algo que se quer. Na perspectiva deste livro, o conceito "poder para" é o que será enfatizado, mas lembrando que o "poder sobre", conforme o contexto, é igualmente necessário.

A maneira de se exercer o poder, o exercício da liderança, tem sido exaustivamente estudada devido ao seu enorme impacto sobre os resultados de uma organização, mas ainda há dificuldade em compreendê-la. Por não se olhar diretamente e de forma ampla para o domínio do Poder, ele acaba sendo exercido de modo pouco consciente, tanto em seus aspectos positivos como negativos.

Há uma frase jocosa e bastante profética do Barão de Itararé (pseudônimo do jornalista Aparício Torelli), escrita na década de 1930, que afirma: "queres conhecer o Inácio, coloca-o num palácio", que é uma releitura da frase, atribuída a Abraham Lincoln, "se quiser pôr à prova o ca-

---
[60] Adam Kahane, *Poder & Amor: teoria e prática da mudança social*, cit. Ver também John Holloway, *Change the World Without Taking Power: the Meaning of Revolution Today*. Londres: Pluto Press, 2002; P2P Foundation, "Power-To vs. Power-Over". Disponível em http://p2pfoundation.net/Power-To_vs_Power-Over.

rácter de um homem, dê-lhe poder". Ou seja, o exercício do poder revela aspectos profundos de quem somos, para o bem e para o mal, o que acaba afastando os mais cautelosos e inseguros e atraindo os mais audaciosos e ambiciosos. O poder em si é essencial para que uma sociedade ou organização se estruture e se mantenha. O modo como ele será empregado, porém, tem seus aspectos de luz e sombra, e estará sujeito a julgamentos alheios, pois estará sempre ligado às características de quem o exerce.

O exercício do poder, como já dissemos, deve ainda se manter dentro das leis e normas válidas em uma sociedade. Deverá ser resiliente e forte, de modo a obter o necessário alinhamento interno que torne a organização funcional, sem deixar de ser sutil e delicado, de modo a inspirar e estimular os colaboradores a contribuírem com o seu melhor. Somente essa coesão impedirá que o poder externo se imponha, seja ele da concorrência, do sindicato, seja do governo.

> Costumo dizer que empreender é como empurrar um trem ladeira acima: é preciso muita força! Quanto maior o trem, mais pessoas o empreendedor precisa envolver se quiser ter sucesso. E é necessário estar atento, senão corre-se o risco de ficar de fora, deixado para trás, quando, na descida da montanha, o trem embalar. Há que se usar o poder com astúcia e sabedoria, criando vínculos robustos e contando com gente de confiança na empreitada. Contudo, há um sério problema nas organizações que não preparam os executivos que a administram para se colocar no lugar do portador do impulso do negócio. Assim, diante de uma crise que demanda reinventar a empresa, ninguém sabe o que fazer.

Entre os grandes desafios das organizações está o de formar líderes e promover a alternância de poder. É um fator crítico para a perpetuidade dos negócios, complexo nas organizações maduras e quase dramático nos processos sucessórios das empresas familiares. Nas grandes corporações é comum que, quando um novo gestor assuma, o antigo se retire da empresa, seja por alocação num conselho consultivo, por aposentadoria, seja por demissão. É difícil ver alguém que tenha ocupado uma posição de liderança compartilhar a vida executiva com os demais da organização. Sua presença pode incomodar o novo líder ou mesmo causar constrangimento aos antigos subordinados. Nas empresas familiares, o desafio é o fundador transferir, de fato, o comando de seu negócio aos descendentes. Comuns são as ocorrências em que a passagem é oficializada, mas ao menor vacilo o fundador retorna e afasta quem havia empossado. A verdade é que, nas duas situações, se o novo líder não conseguir ocupar seu espaço, entendendo a cultura em que está inserido e firmando um claro acordo de governança com os detentores do capital, terá muita dificuldade para se estabelecer na posição.

Segundo David McClelland, todo ser humano tem, em diferentes proporções, três necessidades fundamentais: de realização (definir e alcançar objetivos), de afiliação (pertencer a um grupo e ser querido) e de poder (controlar e influenciar os outros, competir, ter *status* e reconhecimento).[61] Para ocupar o espaço de líder, é preciso uma elevada "necessidade de poder", pois será preciso muita energia para sustentar essa posição, lidando com ambiguidades, crises e conflitos inerentes ao seu papel, além de precisar apontar os rumos para seus liderados. "Todavia, essa necessidade deve ser disciplinada e controlada para ser canalizada em benefício da instituição como um todo, não para a exaltação do próprio gestor. Além disso, o principal administrador de uma empresa deve ter a 'necessidade de poder' maior do que sua 'necessidade de afiliação, de ser querido' na organização",[62] para, sem deixar de levar em conta as demandas dos seus integrantes, estar focado em atender às necessidades da empresa.

O poder comumente é exercido por um indivíduo, mas pode sê-lo por um grupo. Se a prática da delegação estiver consolidada haverá massa crítica nos níveis médios da organização para que se forme times de gestores que se responsabilizem, por exemplo, pela execução de projetos que sejam transversais a várias áreas. E o mesmo pode ser válido no âmbito das áreas, fazendo com que os colaboradores não fiquem só no "seu quadrado" e possam se responsabilizar por tarefas que podem ter impacto em toda a organização. A busca por essa forma de atuar tem sido cada vez maior e o chamado *team coaching*[63] tem se mostrado uma poderosa metodologia de suporte. Para trabalhar em grupo há que se ter, simultaneamente, a visão do todo e da parte em que se é especialista. E também o que chamamos de "ego manso", que significa ter um ego forte o suficiente para saber se colocar e trazer as contribuições ao grupo, mas, ao mesmo tempo, a humildade de saber ouvir, de se desapegar de uma forma de ver

---

[61] Ana Serafim, "Teoria das Necessidades de McClelland", *Portal Gestão*. Disponível em www.portal-gestao.com/artigos/7391-teoria-das-necessidades-de-mcclelland.html.
[62] David C. McClelland e David H. Burnham, "Power Is the Great Motivator", *Harvard Business Review*. Disponível em https://hbr.org/2003/01/power-is-the-great-motivator.
[63] *Team Coaching* é um processo voltado para a melhoria da *performance* de equipes de uma empresa ou área. A partir de um *assessment*, que ajuda a tornar mais consciente a forma como o grupo se relaciona e opera, são realizadas sessões em que se apoia a resolução concreta de questões relevantes ao time para que ele atinja as suas metas e contribua para que a organização atinja as dela.

as coisas e atuar de modo colaborativo, aperfeiçoando ideias dos demais membros do grupo. Para que tudo isso possa acontecer, há que haver clareza quanto ao propósito do grupo e um alto grau de confiança mútua, que permita que cada um dê o melhor de si, sem medo de críticas ou de fofocas nos bastidores. Se vê assim, que o exercício de poder como uma atividade em grupo exige muita maturidade, mas, pelo potencial de geração de resultados que tem, aponta para uma das tendências em gestão do futuro, levando a organizações menos hierarquizadas e mais ágeis.

A Cultura

Dos elementos necessários para a geração de fogo – combustível, calor e oxigênio –, este último só foi claramente compreendido no final do século XVIII, por Antoine-Laurent Lavoisier, francês considerado o pai da química moderna. Tanto o combustível (como a lenha) quanto o calor (causado por fricção ou faísca) foram rapidamente percebidos como essenciais para que houvesse fogo. Mas a revelação do oxigênio como comburente exigiu um raciocínio mais elaborado.

> *Cultura* é uma palavra latina que tem como significado primário, ainda válido, o de saber acumulado por um grupo sobre como trabalhar o solo para transformar a terra selvagem em terra cultivada, quando há intervenção humana por meio do plantio visando a colheita. "Cultura é a parte do ambiente feita pelo homem".[64]

De modo similar, a Cultura foi a última das Forças Estruturantes a ter sua função compreendida no desenvolvimento das organizações. Há muito já eram conhecidos os papéis do *capital* e do *poder*, mas a *cultura*, assim como o ar que nos rodeia, é tão sutil, e ao mesmo tempo tão presente, que só passou a ser estudada, no contexto organizacional, durante a década de 1980. Até hoje, há pouquíssimas organizações (não

---

[64] Julieta de Andrade, Luiz Fernando de Andrade Soares & Roberto Huck, *Identidade cultural no Brasil*. Vargem Grande Paulista: A9 Editora, 1999.

por acaso as líderes em seus segmentos) com programas voltados a mapear e desenvolver a cultura vigente.

Por ser algo relativo ao sentir, torna-se profundamente enraizado no coração e na alma das pessoas. Assim, compreender uma empresa, ou uma nação, é compreender sua cultura. A cultura expressa a identidade da companhia e, de certa forma, também a identidade de quem nela trabalha. "E, é sempre importante lembrar, ela se torna um processo circular. As pessoas acabam afetando a cultura tanto quanto a cultura as afeta".[65]

> Há diversas definições sobre o que é cultura organizacional, mas, segundo o site Organizational Culture, se destaca a de Edgar Schein, suíço naturalizado norte-americano, professor do MIT Sloan School e especialista em desenvolvimento organizacional, considerado um dos pioneiros e mais respeitados teóricos do assunto. Para Schein, "cultura é um padrão compartilhado de suposições básicas que o grupo foi aprendendo à medida que resolvia seus problemas, suficientemente eficazes para serem consideradas válidas e que, por isso, são transmitidas para os novos membros como a maneira correta de perceber, pensar e sentir esses problemas".[66]
> Outra definição citada no referido site é a do teórico organizacional britânico Gareth Morgan, que descreve cultura como "um conjunto de crenças, valores e normas que, juntamente com símbolos, como eventos e personalidades marcantes, representa o caráter singular de uma organização, e fornece o contexto para as ações que ocorrem nela própria e aquelas realizadas por ela no mundo".[67]
> Há também a definição do professor holandês Geert Hofstede, segundo o qual cultura são conceitos compartilhados por pessoas que vivem no mesmo ambiente. "É uma programação coletiva da mente que distingue uma categoria ou grupo de pessoas de outra".[68] Numa curiosa analogia com nossos computadores, ele propõe que nascemos com um sistema operacional básico, mas precisamos de programas complementares para podermos operar em uma empresa ou mesmo na sociedade. Entender o que compõe tais programas, segundo ele, seria fundamental para compreender nossa própria cultura e respeitar a cultura dos outros.

---

[65] Organizational Culture, *Why You Need to Know About Organizational Culture*. Disponível em www.organizationalculture101.com/definition-of-organizational-culture.html.
[66] *Ibidem*.
[67] *Ibidem*.
[68] Geert Hofstede, *Cultural Dimensions*. Disponível em https://geert-hofstede.com/cultural-dimensions.html.

Apesar de esse conceito apresentar algumas variações entre os autores, todas as definições de cultura "se concentram nos mesmos pontos: experiência coletiva, rotina, crenças, valores, metas e sistema. Esses são aprendidos e reaprendidos, e repassados para os novos colaboradores, agindo como parte da identidade do núcleo de uma empresa". [69]

A cultura de uma organização, portanto, não surge espontaneamente, mas é algo proposto – de modo consciente ou não – por seus próprios fundadores e vai sendo forjada pela dinâmica da empresa com seu meio interno e externo. Isso é feito pela disseminação de crenças, valores, rituais e "heróis corporativos", que tipificam o ideal de colaborador. Por outro lado, ao excluir aqueles que se diferenciam desses padrões, está da mesma forma reafirmando a cultura vigente.

Como vimos, a Cultura se cria e se desenvolve na esfera das Forças Estruturantes, sendo parte essencial e constituinte de uma empresa, manifestando-se como um tecido fino e delicado, entretecido ao longo da existência da organização. É um dos principais constituintes dessa delicada membrana que envolve a empresa e lhe confere uma forma, que a faz ser percebida como singular. Tal membrana funciona como um filtro – determinando o que é aceitável, o que entra, o que sai da empresa – e isso repercute em seu modo de ser. Essa interpretação é válida tanto para os indivíduos como para seus comportamentos, suas atitudes e práticas de negócio. Por manter a oxigenação e as trocas com o meio em que se encontra, afetando e sendo afetada por ele, essa membrana está em permanente processo de transformação.

Assim, a cultura é algo vivo e pulsante e que sendo uma das Forças Estruturantes se manifesta na dimensão dos Propósitos (seus valores e crenças). É formulada na dimensão das Estratégias (suas metas), e praticada, disseminada e permanentemente ajustada por meio das Relações (experiência coletiva) que a empresa estabelece interna e externamente, de modo contínuo e ininterrupto. A cultura permeia toda a dimensão das Operações (na qual a empresa efetivamente produz), desembocando na dimensão das Realizações (onde se manifesta de modo mais evidente). Dando continuidade a esse processo circular, é realimentada e recalibrada pelos ecos dos stakeholders, permitindo a perene atualização dos Propósitos.

Os demais domínios das Forças Estruturantes, o Capital e o Poder, exercem permanente influência sobre a Cultura. Bastante maleável enquanto está em processo de consolidação, depois de lentamente ganhar evidência, ela se torna difícil de alterar. Quanto mais consolidada, maior

---

[69] Organizational Culture, *Why You Need to Know About Organizational Culture*, cit.

será seu impacto sobre a organização, sendo o principal fator de integração. O risco desse processo é que ela venha a se enrijecer demais, travando o desenvolvimento do negócio. Neste caso, para alterar a Cultura da empresa (ou de uma operação local), é necessário um trabalho profundo e consistente de uma consultoria externa, ou se opta por trocar a cúpula de gestores, ou seja, mudar quem detém o Poder de gestão, o que tem riscos inerentes, mas que às vezes é preciso.

Uma situação recorrente em empresas tradicionalistas é quando há mudanças incontornáveis no mercado, mas seus gestores – que fizeram carreira na organização (os chamados "prata da casa") e ascenderam às suas posições atuais por aderirem a uma dada cultura – não se dão conta que, se antes tal cultura era fator de diferenciação no mercado, agora, cristalizada, passou a ser um entrave. Em situações como essa, geralmente se traz um "forasteiro", alguém de outro contexto empresarial para que, na posição de Poder, possa mudar e revitalizar a cultura da organização. Não é tarefa fácil, pois, a menos que se tenha profundo patrocínio do Capital, haverá enorme dificuldade para lidar com resistências de toda ordem.

> A cultura, para Edgar Schein, se evidencia em três níveis distintos. Segundo nosso entendimento, esses níveis podem ser percebidos nas dimensões do Núcleo Estrutural, conforme descrito a seguir:
> - *Pressupostos básicos:* percepções, pensamentos e sentimentos geralmente inconscientes e assumidos como verdadeiros, que são, por isso, fonte de valores e ações. Percebidos na dimensão dos Propósitos.
> - *Crenças e valores expostos:* estratégias, metas e filosofias que são patentes. Evidenciando a hierarquia de valores na cultura e seus códigos de conduta, são válidos tanto para a relação entre os membros como para os não membros da organização. São vivenciados no âmbito das Estratégias.
> - *Artefatos:* tudo aquilo da cultura que é exteriorizado, que se torna tangível, tal como vestuário, linguagem (o uso de jargões específicos, por exemplo), procedimentos, rituais, padrões de ação, e até mesmo de consumo (que traduzem o nível hierárquico). Estão presentes na dimensão das Operações e das Realizações.

Nas pequenas e médias empresas, manter a Cultura renovada é um grande desafio. Como muitas vezes não comportam a contratação de profissionais mais qualificados que os donos do negócio (um caso comum no Brasil, por causa da nossa arcaica legislação trabalhista), esses empresários não têm com quem debater suas ideias e aprimorar os projetos. A organização, assim, tende a se limitar a um pequeno universo cultural, podendo se tornar muito rígida e gradualmente perder sua vitalidade. Como opção poderia admitir sócios, ou, sendo uma empresa familiar, abrir espaço para um sucessor ou herdeiro. Mas, para ambos os casos, para o pequeno e o médio empresário que sempre tiveram o Poder centralizado, compartilhá-lo é igualmente um enorme desafio cultural.

Como veremos adiante,[70] a Cultura passa por transformações bastante previsíveis conforme a organização. Se for bem-sucedida, continuará se desenvolvendo. Sendo um reflexo do fundador (ou fundadores) da empresa, na Cultura se manifestam tanto os aspectos que ele aprecia como os que renega em si próprio. Gradativamente, com a chegada de novos indivíduos trazendo outras referências organizacionais, a Cultura vai se transformando ao ganhar novos "tons". Entretanto, se houver uma mudança de gestores ou no controle acionário, todo o equilíbrio terá que ser recomposto.

Caso o Poder não seja usado de modo consciente, a Cultura poderá, por inércia, se misturar com a cultura do meio em que a organização está inserida. Por exemplo, tendo a sociedade uma cultura de passividade e conformismo, se não houver a busca por uma atitude mais positiva, ativa e protagonista, provavelmente haverá um discurso interno vitimista, atribuindo os erros e as dificuldades ao "mundo cruel" externo. Do mesmo modo, operando num meio em que se é conivente com práticas não éticas, o gestor terá que atuar com muita determinação para que sua empresa não tenda para esse padrão.

Em razão da crescente percepção de seu papel nas organizações, cada vez mais se busca compreender como a cultura é adquirida e renovada. Para avaliá-la e gerenciá-la, existem diferentes abordagens e métodos, cuja eficácia está diretamente relacionada à capacidade de se mapear e compreender os fenômenos e comportamentos presentes, além do efetivo compromisso e coragem da cúpula da empresa para transformar a cultura vigente.

---

[70] No tópico "Fases do desenvolvimento organizacional".

Forças Estruturantes – gerando o ambiente organizacional

A interação entre Capital, Poder e Cultura constituirá ainda algo igualmente sutil e volátil que se denomina de **ambiente (ou clima) organizacional**. Por natureza instável, com possibilidade de mudanças bruscas, o ambiente não é algo em si, mas aquilo que indica como os membros percebem o que está acontecendo na organização e como se sentem nesse contexto. Tal percepção afetará todas as dimensões estruturais e, por consequência, o modo como são construídas as Relações tanto internas como externas.

Assim, cuidar do ambiente organizacional tem se tornado prioridade nas empresas que reconhecem sua importância. Dados da Hay Group, empresa norte-americana de consultoria, indicam que um clima melhor de trabalho faz mais do que apenas motivar as pessoas. Suas pesquisas mostram que "o clima é responsável por 30% de variação no desempenho dos resultados finais da organização"[71] – isso demostra que zelar pelo ambiente organizacional, além de expressar os princípios de uma empresa, passou a ser uma necessidade em termos de sua gestão financeira. Isso porque, se o ambiente de trabalho é saudável e as pessoas se sentem bem, se tornam mais criativas e participativas. Porém, se o ambiente for negativo, em que predominam a troca de acusações e a procura por culpados, os colaboradores ficarão inibidos e receosos, preferindo se calar diante de um problema, como se ignorassem a questão, para evitar o risco de se expor e ser associado a ele.

Essas mesmas pesquisas da Hay também revelam que "os estilos de liderança impactam o clima em até 70%",[72] sendo os demais 30% atribuídos a fatores não diretamente relacionados ao líder, como a Cultura da organização e o contexto político e econômico em que ela esteja inserida. Sendo cada estilo de liderança uma forma de se lidar com uma equipe, o que se evidencia nas pesquisas é que o modo como o Poder é exercido pelos líderes gera um grande impacto. Daí é que as melhores empresas investem de modo continuado em programas de desenvolvimento de seus líderes.

---

[71] Edwina Melville-Gray, "Efetividade da liderança: como funciona", *Hay Group*. Disponível em http://atrium.haygroup.com/br/our-products/leadership-how-it-works.aspx.
[72] *Ibidem*.

Apesar de ser grande o impacto gerado pela forma como o Poder é exercido, há pouco estudo quanto ao papel dos domínios Capital e Cultura sobre a forma de o Poder ser praticado nas organizações. Sem dúvida, a conduta e o estilo de um gestor são os elementos que sobressaem, mas eles são fortemente influenciados pelo Capital, quando por exemplo esse define novas metas e estratégias, e pela Cultura, quando essa respalda determinados comportamentos.

> De acordo com a metodologia empregada pela Hay, há seis estilos de liderança empregados pelos gestores: coercitivo, dirigente, afetivo, democrático, modelador e *coach*. Há o líder que usa vários desses estilos em seu cotidiano, mas há os que se apoiam em apenas um ou dois deles. O primeiro tende a ser mais efetivo por seu maior repertório lhe dar uma maior flexibilidade para lidar com questões de diversas ordens. Já o segundo, tende a ser bem-sucedido apenas em situações nas quais seus estilos sejam adequados. Se os estilos forem limitados, ou seja, se os gestores não tiverem repertório para lidar com a diversidade e a complexidade das pessoas a quem lideram, dificilmente conseguirão formar times de alta *performance*, e a empresa tenderá a ter baixa competitividade.

A liderança é exercida em nome dos acionistas e respaldada pela cultura vigente e caberá ao gestor buscar um equilíbrio entre os três domínios para constituir um bom ambiente, pois, caso haja muita dissonância entre eles, poderá ocorrer uma paralisia na empresa e, em caso extremo, a sua falência.

A aplicabilidade da Quintessência para questões-chave

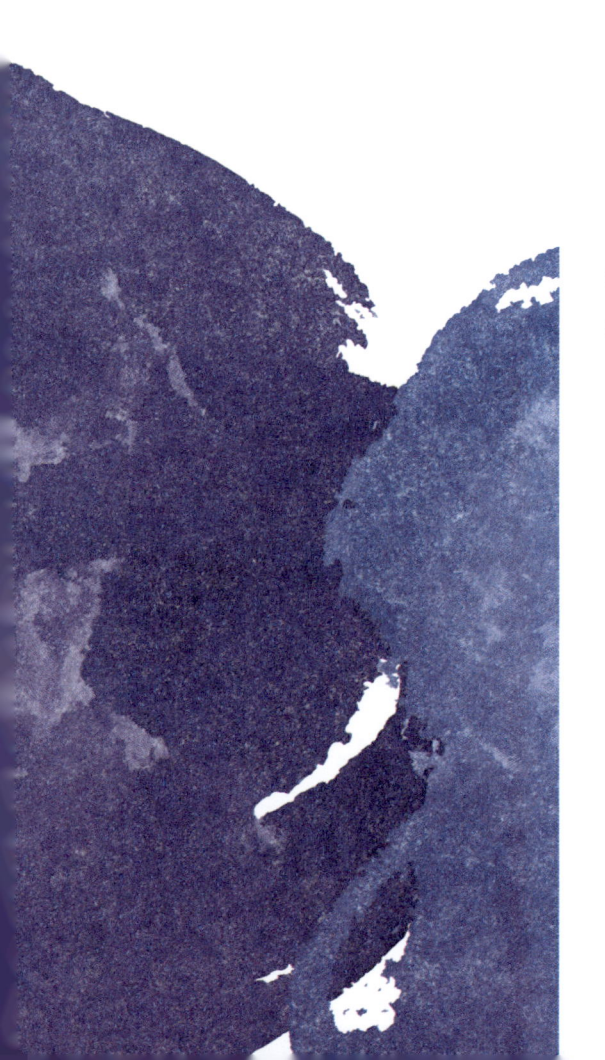

O desafio agora posto é sobre como aplicar os conceitos da Quintessência no cotidiano das organizações, seja voltado para o seu universo interno, seja voltado para o exterior.

Dinâmicas do universo interno

Pudemos ver ao longo do livro que há um pulsar nas organizações, algo que lhes dá uma dinâmica peculiar. Esse pulsar decorre de duas grandes tensões, uma no âmbito do Núcleo Estrutural e outra na esfera das Forças Estruturantes. A primeira se dá entre as polaridades Propósitos/Realizações e Estratégias/Operações. A segunda ocorre na interação tripolar entre Capital/Poder/Cultura. A forma com que se lida com essas tensões será determinante para o sucesso ou não de um empreendimento.

A maior parte dos gestores alcançou seus postos sobretudo por ter a capacidade reconhecida de lidar com o que percebem como problemas decorrentes de tais tensões – alguns chegam a dizer que sua função "é resolver problemas". Porém, será essa a melhor postura? Em seu livro, *Gestão de polaridades*,[73] Barry Johnson considera que os gestores devem repensar seus paradigmas e aponta a necessidade de aprenderem a diferenciar o "resolver problemas" do "lidar com dilemas". Afirma que se diante de um dilema um gestor enxergar um problema, ele irá criar o problema. Ao buscar resolver algo que não tem que ser "resolvido" eles irão apenas reduzir a tensão existente por um curto prazo, mas causarão, no médio e longo prazo, sérios desequilíbrios estruturais. Aliás, ao se fazer uma análise profunda sobre o que acontece nas organizações, percebemos que a maior parte dos problemas atuais são consequência dos entraves mal resolvidos no passado. Ou seja, o autor avisa que a questão não é se você irá lidar ou não com dilemas, mas quão bem irá fazê-lo, visto que isso é inevitável.

Ainda segundo B. Johnson, problema é algo que tem uma causa específica que, uma vez identificada, deve ser sanada o mais breve possível. A ocorrência de problemas é mais frequente nas dimensões das Realizações e das Operações, como no caso de uma máquina que engüiça por uma peça quebrada, ou quando for detectado um gargalo em determinado processo produtivo; isto é, são questões que exigem soluções pontuais. Ou ainda, contratar alguém para uma vaga aberta por causa da promoção de outro profissional. Já um dilema acontece quando se está diante de possibilidades que são complementares, não antagônicas, não sendo uma melhor, ou mais correta, que a outra. E o dilema está justamente em qual delas escolher. A tensão que disso deriva, se devidamente compreendida,

---

[73] Ver Barry Johnson, *Polarity Management: Identifying and Managing Unsolvable Problems*. Amherst: HRD Press, 2014.

trará energia para a ação. Mal compreendida, levará a escolhas simplistas que desconsideram, ou então minimizam, uma das possibilidades, o que trará consequências futuras. Fato fundamental é que para os dilemas organizacionais não há uma solução definitiva, mas, sim, formas adequadas de soluções continuadas, que deverão ser geridas permanentemente.

No exemplo anterior, contratar alguém para uma vaga aberta por causa de uma promoção, o contratar alguém resolve um problema, porém, escolher qual o melhor perfil a ser contratado já se trata de um dilema. Imagine que seja uma vaga para prestação de serviços de assistência técnica a ser feita na residência dos clientes. O profissional precisará ter tanto habilidades técnicas como sociais. Ao entrevistar os candidatos, o equilíbrio entre elas deverá estar em mente, caso contrário o serviço prestado por ele poderá ser alvo de críticas. E, após a contratação, haverá que se oferecer treinamentos ao profissional a fim de que possa desenvolver essas habilidades nas duas esferas e, no momento de sua avaliação e de seu reconhecimento, elas devem ser também consideradas. Ou seja, tal questão precisará estar o tempo todo sendo equalizada.

Há que se ter os componentes das polaridades ou tripolaridades simultaneamente ativos para que a empresa prospere, visto que, adotados isoladamente, a empresa dificilmente alcançará seu potencial no mercado. O desafio é equilibrar os polos, buscando extrair da tensão gerada os benefícios que cada polo possa trazer.

> No livro *Feitas para durar*, de Jim Collins e Jerry Porras, os autores dizem que precisamos nos libertar da "tirania do ou" para viver na "genialidade do e".[74] Entretanto, para que esse tal e – que engloba todos os componentes das polaridades ou das tripolaridades – seja de fato genial, não deve simplesmente ser um meio-termo, mas o resultado da alavancagem gerada pela tensão entre as forças opostas. Se essa tensão for bem gerida, poderá trazer resultados espetaculares; caso contrário, o desastre será proporcional. Entretanto, seria ilusório pensar que a busca pela "genialidade do e" é algo alcançável, ou seja, que se possa encontrar um equilíbrio estático entre tais forças. Ao contrário, esse é um processo sem fim de busca da melhor sintonia entre as partes.

---

[74] Jim C. Collins e Jerry I. Porras, *Feitas para durar: práticas bem-sucedidas de empresas visionárias*. Rio de Janeiro: Rocco, 2007.

Imagine as cordas de um instrumento, por exemplo. Se a tensão for pouca, ela ficará frouxa e os sons que emitirá serão desafinados e incômodos. Se estiver muito tracionada, a corda poderá se romper. Porém, se tivermos o talento para encontrar a tensão exata, o instrumento produzirá os mais límpidos e harmoniosos sons. A busca pela afinação é um constante e infindável processo. Observe como um violinista faz, durante as pausas na apresentação, pequenos ajustes nas cravelhas de seu instrumento a fim de mantê-lo afinado. No caso das polaridades há uma corda; no caso das tripolaridades, muito mais complexo, há três cordas que mutuamente se influenciam. Como no caso do piano ou da cítara, elas requerem um qualificado afinador.

Caberá ao empresário ou executivo, como regentes, estimular que cada um de seus músicos busque, permanentemente, encontrar a devida afinação para os múltiplos instrumentos que possuem na orquestra, de modo a executar corretamente a partitura e extrair uma música que encante a plateia.

Dilemas nas polaridades no âmbito do Núcleo Estrutural

É preciso sempre considerar a empresa em sua totalidade, como um organismo vivo, levando em conta também as relações entre as próprias dimensões. Como já vimos, as dimensões formam polaridades que evidenciam as tensões entre aquilo que aspiramos fazer (Propósitos) e o que conseguimos de fato fazer (Realizações), ou entre a maneira que gostaríamos de realizar algo (Estratégias) e a maneira que realmente a executamos (Operações).

Ao analisar as dimensões Propósitos e Estratégias, em sua relação polar com, respectivamente, Operações e Realizações, podemos perceber que há entre elas uma série de dilemas com os quais temos de lidar. Pelos dados do quadro 1 podemos perceber que para cada um dos pares as duas opções são desejáveis, mas o grande desafio é obter as duas simultaneamente, pois, se isso for alcançado a empresa terá uma *performance* diferenciada.

Podemos ver pelos quadros a seguir que, quando conseguimos integrar devidamente os dois polos fazendo-os operar em um circuito positivo, a resultante será prosperidade e excelência operacional para a organização. Por outro lado, caso não se consiga tal equilíbrio, a tendência é que o empreendimento fracasse ou entre em colapso. O trabalho realizado por Barry Johnson propõe uma bem-elaborada e prática metodologia para se conseguir gerir com consciência uma organização, a fim de se otimizarem os polos simultaneamente.

Propósitos – Estratégias		Operações – Realizações
Encantar os clientes	&	Ter alta rentabilidade
Ser uma empresa ambientalmente responsável	&	Ter baixo custo operacional
Ser uma empresa ética	&	Vencer licitações em obras do governo
Ser uma das melhores empresas para trabalhar	&	Ser a mais eficiente e ter o menor headcount por volume faturado de seu segmento
Ser uma empresa inovadora	&	Ter um quadro estável de profissionais
Estimular o desenvolvimento dos profissionais	&	Reduzir custos não operacionais
Ser estratégico	&	Ser operacional
Longo prazo	&	Curto prazo

Quadro 1. Dilemas nas polaridades no âmbito do Núcleo Estrutural.

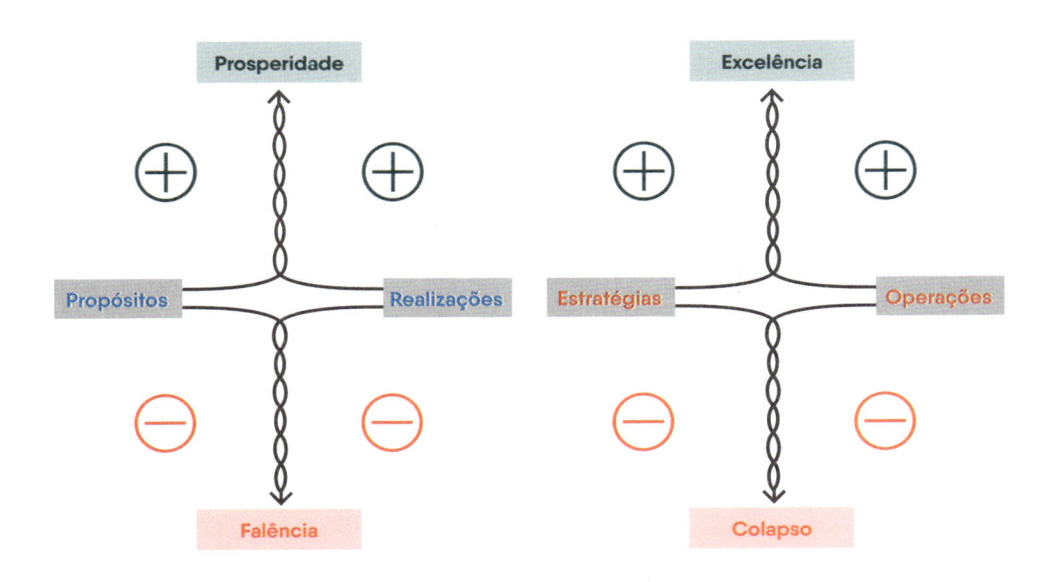

Gráfico 1. Gerenciamento Propósitos-Realizações.

Gráfico 2. Gerenciamento Estratégias-Operações.

Sendo a polaridade Propósitos/Realizações bem gerida (que revela o "para que" a empresa existe e "o que" ela faz no mundo), haverá um norte claro e um foco permanente para concretizá-lo, gerando uma prosperidade que beneficiará todos os stakeholders. Se esse equilíbrio não for encontrado, a empresa pode ir à falência. Quanto à polaridade Estratégias/Operações (que aponta como se farão os negócios), se for bem gerenciada a empresa viverá um regime de excelência, com as estratégias adotadas sendo devidamente operacionalizadas e aperfeiçoadas ao longo de sua implementação. Se não for, poderá entrar em colapso do ponto de vista operacional.

Dilemas nas tripolaridades das Forças Estruturantes

Os dilemas que ocorrem entre as Forças Estruturantes são de natureza tripolar, entre Capital/Poder/Cultura, e sua dinâmica é mais complexa, pois nessa esfera há três pontos de referência e para se encontrar um equilíbrio entre eles há que entender a natureza de cada um e buscar balanceá-los. A complexidade se dá sobretudo em dois aspectos. O primeiro pela necessidade de equilíbrio entre os três domínios. Se um deles estiver super ou subatuante, isso afetará aos demais. Conseguindo-se um bom e vigoroso equilíbrio, a empresa terá plena energia para buscar a realização de seus propósitos e um ambiente de trabalho saudável. Caso o desequilíbrio impere haverá pouca energia para o seu dia a dia e dificilmente ela terá uma vida próspera. O segundo fator é a distância temporal entre a ocorrência do desequilíbrio e a aparição de sua consequência, o que pode tornar difícil associar um ao outro. Por exemplo, o não investimento em uma sistemática estruturada de delegação de poder, ou em uma cultura de proatividade e voltada à geração de resultados, não gerará impactos no curto prazo, mas poderá ser fatal para a empresa no longo prazo. E por serem importantes, mas não urgentes, tendem a ser negligenciados.

Vejamos dois exemplos: uma empresa familiar que tenha por principal esteio a forte presença dos donos do capital, mas, onde o poder tem sido precariamente delegado e dá-se pouca atenção à gestão de sua cultura, provavelmente terá problemas na sucessão, havendo riscos de sérias dificuldades na transição entre gerações, pois ela tende a ter uma grande dependência de seu fundador. Ou então, uma empresa multinacional, cujo presidente, que é quem representa o capital, esteja mais focado em obter resultados de curto prazo, para conquistar seu bônus, do que na perenidade do negócio. Para manter uma maior agilidade ele pode centralizar o poder, infantilizando sua equipe, e ditar uma cultura de negócios mais agressiva. Em ambos os casos, o futuro da empresa estará em xeque e quem os suceder terá grandes desafios para tornar a empresa saudável.

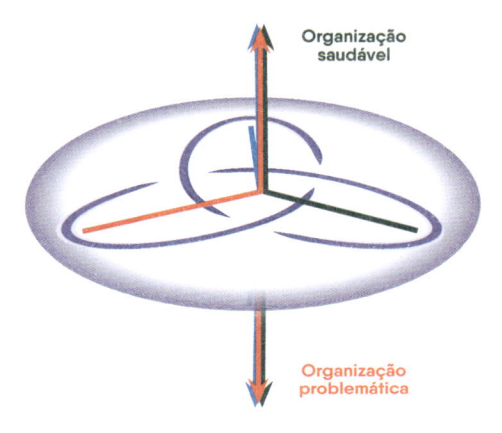

Figura 23. A saúde das empresas depende do gerenciamento entre Capital/Poder/Cultura.

Dessa forma, uma empresa sadia deverá estar simultaneamente bem capitalizada, com uma consolidada sistemática de delegação de poder e uma cultura que celebre o mérito, a adaptabilidade e a inovação. Contudo, para cada empresa devemos buscar compreender como as polaridades e as tripolaridades atuam e, a partir da percepção de suas peculiaridades, apoiar a definição de ações que sustentem os polos em questão. Essa percepção ampliada deve servir de base para se estabelecerem acordos entre os responsáveis pela gestão sobre os pontos centrais a serem trabalhados. A partir desse alinhamento se faz um processo de disseminação desses aspectos aos demais colaboradores, envolvendo-os quanto às suas responsabilidades específicas.

Quintessência, no todo e em cada parte da organização

A mesma dinâmica sutil identificada na empresa como um todo é também percebida em suas áreas e, de modo sequencial, nas suas subáreas, até chegar ao nível do indivíduo. Ou seja, cada área, não importa o seu porte (vice-presidência, diretoria, gerência, departamento e pessoa), é igualmente constituída pelas esferas Núcleo Estrutural e Forças Estruturantes, e suas dinâmicas têm a mesma natureza estudada anteriormente.

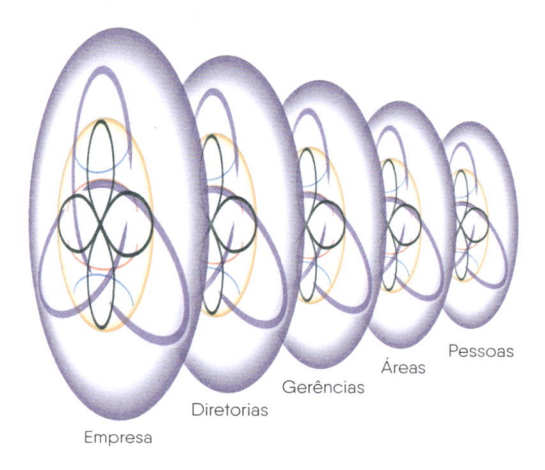

Figura 24. Quintessência, no todo e em cada parte da organização.

> O que faz as diferentes áreas serem partes de uma mesma empresa é estarem todas sob uma Força Estruturante maior, ou seja, sob uma mesma tríade formada por Capital, Poder e Cultura. Por isso, elas têm um conjunto de macro Propósitos-Realizações comum. São como fractais, em que o microelemento se assemelha ao macroelemento. A esse tipo de padrão dá-se o nome de *recursivo*, quando algo mantém sua estrutura nos diferentes níveis de um organismo – o que é comum nos conceitos arquetípicos.

A título de exemplo, podemos analisar a área de marketing de uma empresa. Ela é pautada pelo presidente da empresa, que nesse caso assume o papel de representante do Capital. Seu gestor, seja ele um diretor, seja um gerente, tem um Poder que lhe é delegado com um mandato específico. Ela opera dentro da Cultura da empresa, mas gradativamente forma sua própria e peculiar cultura, o que a diferencia das demais áreas da empresa. Agora vejamos no âmbito do Núcleo Estrutural: ela tem propósitos específicos? Certamente. Um deles pode ser "apoiar na construção de uma sólida imagem da organização no mercado". Há alguma estratégia em sua forma de atuar? Sem dúvida, uma entre elas pode ser voltada ao público interno, como articular as demais áreas da empresa para que qualquer contato com os clientes seja pautado por uma mensagem que se quer transmitir ao mercado. Isso tudo precisa ser operacionalizado, realizando-se reuniões com as principais lideranças, em especial as das áreas Comercial e de Atendimento ao Cliente, para reforçar o que se quer comunicar. E, ainda, é preciso ter um grau de realização como, por exemplo, a meta de que certa porcentagem do público interno deve estar envolvida até determinado prazo e que isso gere um impacto, que possa ser mensurável, nos clientes em pesquisas de recall. Finalmente, é por meio das relações que foram estabelecidas que tudo poderá acontecer. Assim como a área desse exemplo, todas as demais também deveriam ter claras as suas dimensões e dinâmicas.

Entretanto, é comum que os gestores internos não percebam a essência de sua própria área. Mesmo no âmbito do Núcleo Estrutural, reclamam que, nas suas empresas, o que se diz serem os Propósitos (missão, valores e visão) não passam de letra morta, afixados na recepção ou descritos nos sites, mas sem nenhum sentido real; e que nunca ninguém lhes apresentou tais formulações de modo profundo e significativo. O que é muitas vezes verdade. Porém, raramente os gestores se perguntam se suas áreas têm Propósitos bem construídos e divulgados. A missão de sua área está clara para os colaboradores? Os valores praticados são apresentados a quem ele contrata? Existe algum sonho, uma visão a ser buscada pela sua área? – É fácil apontar o que os outros não fazem, e culpar, por exemplo, a alta direção da empresa por não propagar sua identidade. No entanto, pela perspectiva da Quintessência, cada um é "presidente" de sua área e, portanto, responsável pela construção e divulgação dos seus Propósitos e Realizações dentro da organização.

Como veremos adiante,[75] as empresas que se destacam investem tempo e dinheiro na construção de pactos de governança corporativa, visando alinhar os papéis de Capital, Poder e Cultura com seus principais stakeholders. Da mesma forma que se deve estabelecer tal pacto para a empresa como um todo, pode-se estabelecê-lo para as suas principais áreas, como unidades de negócios, vice-presidências, diretorias, gerências, departamentos e até mesmo para áreas de projetos. Existem dois benefícios simultâneos decorrentes dessa prática. Primeiramente, o alinhamento que propicia aos integrantes de cada área. Por exemplo, ao se tornarem conscientes a missão, os valores e a visão, é possível estabelecer prioridades nas relações entre os membros do próprio time. Em segundo lugar, as decisões passam a ser discutidas a partir de um referencial maior, e não apenas "porque o

---

[75] Veremos mais detalhes no capítulo "Governança corporativa".

chefe do chefe mandou". A relação se torna mais madura, havendo maior corresponsabilidade no grupo. Costumo perguntar aos gestores quanto tempo seus pais levaram para lhes ensinar seus valores. "Pelo menos até meus vinte e poucos anos", invariavelmente é a resposta. Aí questiono se teriam todo esse prazo para que os novos colaboradores compreendam os valores de sua área. "Claro que não!", respondem. Contudo, eles agem como se os propósitos da área pudessem ser apreendidos pelo ar que respiram, de modo mágico e rápido. Porém, caso se queira ter consistência na forma como os recém-chegados absorverão aquilo que é valorizado, mas não dito, na empresa, como sua Cultura, é necessário expressá-lo claramente. Ao apresentar os Propósitos da área, convida-se cada integrante da equipe a colaborar para a concretização de suas Realizações.

Outro terceiro benefício da construção dos Propósitos está na relação entre as áreas da empresa. Em minha experiência, fica evidente que geralmente as áreas vizinhas não sabem ao certo o "para que" a outra existe. Até conhecem suas atividades, mas não os seus propósitos. Da falta de compreensão à queixa é um passo. Desse modo, por exemplo, a área de Controladoria, em vez de ser considerada como aquela que zela pela qualidade e ética das transações, e a responsável pela transparência na relação com o mercado, é vista como uma área que "só atrapalha os negócios" e que "se intromete onde não deveria". Assim, uma identidade bem elaborada permite ao gestor da área se apresentar aos demais de modo mais específico e descobrir, a partir desse referencial, como pode atender às necessidades de outras áreas.

Como já visto, a dinâmica interna de uma organização é orgânica, e isso rege a relação entre cada um dos seus participantes – dos indivíduos às múltiplas áreas, em todos os níveis. No organismo humano, por exemplo, caso a vesícula, que contribui no processo digestivo, saia da sintonia saudável com o corpo e passe a causar mal-estar, ela deverá ser tratada ou, no limite, extirpada, pois a vida do indivíduo poderá estar em risco. Da mesma forma, aquelas áreas (ou indivíduos) que estiverem alinhadas com os Propósitos, e que portanto são importantes para a organização como um todo, tendem a ser valorizadas e nutridas. Porém, as áreas que estiverem desalinhadas e, por isso, forem consideradas impróprias (ou tóxicas) tendem a ser esvaziadas ou, no limite, extintas. Por se tratar de algo vivo, seu passado não traz nenhuma garantia sobre seu futuro. Assim, a cada momento um bom gestor deve se perguntar quanto sua área está contribuindo para o sucesso do todo e fazer os ajustes necessários para que ela continue sendo relevante.

Dinâmica com o universo externo

As relações externas ocorrem no espaço entre a organização e seus múltiplos stakeholders, tanto os do mercado como os da sociedade, sejam eles clientes, colaboradores, órgãos governamentais, sejam prestadores de serviço, fornecedores, parceiros, concorrentes, sócios, investidores, etc. Essas relações envolvem a empresa como um todo.

Relativa ao âmbito do Núcleo Estrutural

De modo geral, o que o mercado "vê" de uma empresa emana do âmbito da esfera do Núcleo Estrutural, mais especificamente das Realizações, tendo as Relações como um pano de fundo. Clientes, concorrentes e demais stakeholders percebem desde os aspectos mais concretos, como seus produtos, serviços e valores gerados, até os mais sutis, como a imagem que projeta. E, como diz um certo provérbio chinês: "há três coisas que nunca voltam: a flecha lançada, a palavra pronunciada e a oportunidade perdida". Ou seja, o que chega ao mercado é como uma flecha que, após ser lançada, já não se pode mais deter, nem sequer controlar como ela será recebida.

Espera-se que os produtos e serviços ofertados sejam consumidos e apreciados; que os valores gerados sejam reconhecidos; que as imagens projetadas sejam captadas e retransmitidas de modo positivo. Além disso, a forma como as relações internas e externas são desenvolvidas fluem para o mundo externo por meio de múltiplos canais de comunicação que se formam em seu dia a dia. Esse conjunto de emanações será percebido pelos stakeholders de acordo com seus próprios "órgãos de percepção", formando a reputação da organização.[76]

Cada um dos stakeholders vê as Realizações a partir de uma perspectiva singular e em diferentes tempos. Já os clientes veem e avaliam os produtos de modo contínuo, buscando perceber que ganho esses produtos podem lhes proporcionar: quanto a utilidade, beleza, conforto, *status*, etc. Os colaboradores, além de receberem salários competitivos, querem

---

[76] O zelo com a reputação (o cuidado com o aspecto sutil emanado pela empresa) e a gestão de algo distinto, mas absolutamente complementar, o branding, será analisado mais detalhadamente no próximo capítulo.

que haja um bom ambiente e condições adequadas e seguras de trabalho. O governo, com todos os diversos mecanismos de fiscalização trabalhista, tributária e de meio ambiente, monitora as ações e cobra os impostos devidos. Os acionistas, ao final do exercício fiscal, analisam o lucro financeiro gerado, buscando saber que parte lhes cabe do dividendo que será distribuído, e o aumento do valor da empresa. E, num nível mais aprofundado, tanto clientes como acionistas mais críticos e conscientes querem, ainda, saber se para gerar seus produtos a empresa zelou pelo meio ambiente, se ela desenvolve relações saudáveis com seus colaboradores, se pratica ações ligadas à cidadania, apoiando projetos relevantes, etc.

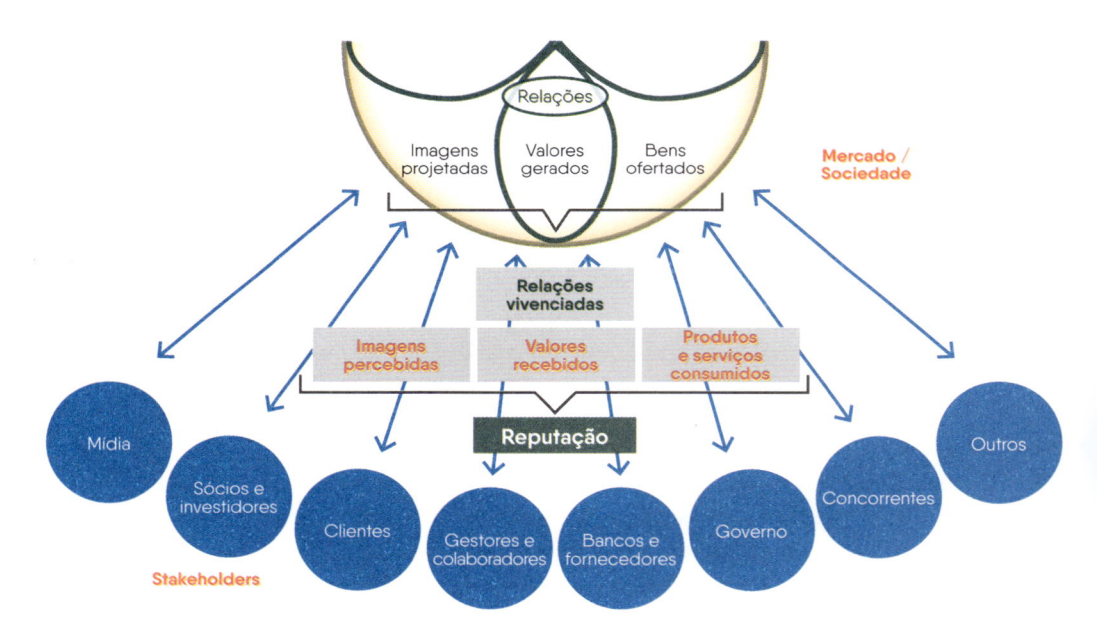

Figura 25. Dinâmica com o universo externo.

Vejamos alguns aspectos da relação das organizações com seu universo externo:

Produtos e serviços ofertados × Produtos e serviços consumidos

A oferta de produtos e serviços é a forma mais corriqueira de como a empresa se relaciona com o mercado. A partir do momento em que disponibiliza um produto ou serviço cada consumidor e concorrente que a eles tiver acesso irá avaliá-los sob aspectos de toda ordem. A empresa não controla como será a experiência do cliente ao consumi-los nem a reação que provocará nos competidores. Ela espera, porém, que o consumidor os aprove, e que os concorrentes sejam surpreendidos, de modo a manter seu diferencial pelo maior tempo possível. E espera também que tudo seja devidamente aprovado pelos órgãos de regulamentação. Além desses anseios, a empresa deverá estar atenta a todos os *feedbacks* para fazer quaisquer ajustes necessários.

Essa eterna vigilância é praticada por cada uma das principais empresas, pois nunca se sabe de onde as percepções negativas podem surgir. Isso é feito na dimensão das Operações, por áreas como a de Atendimento ao Cliente. Caso ocorra algum descompasso relevante entre o que se planejava e aquilo que a empresa conseguiu projetar no mercado, havendo nisso qualquer risco aos clientes, faz-se um recall para sanar o problema o mais breve possível. Tudo isso estará sendo acompanhado por todos do mercado – seja um órgão regulador do governo, seja a concorrência ou a empresa controladora –, que também agirão para se posicionar diante da questão. Em alguns casos, pode ser que o mercado receba um produto melhor do que se havia estimado na dimensão das Estratégias, o que gerará oportunidade para que a empresa conquiste uma fatia maior do mercado ou aumente sua margem de lucro. Quanto maior a reação do mercado, seja positiva, seja negativa, maior será o impacto no delicado equilíbrio dinâmico do mundo em que essa empresa se encontra, e poderá afetar os valores das ações da empresa e dos competidores na bolsa, do preço da matéria-prima e os próprios fornecedores.

Como as relações são no mínimo bidirecionais, o que os stakeholders fizerem afetará a empresa de forma proporcional. Um fornecedor que lance uma matéria-prima revolucionária irá impactar não apenas uma organização, mas provavelmente todo o segmento do mercado. Uma empresa que tenha recebido um aporte de capital, e por isso esteja em expansão, afetará a relação que os concorrentes mantêm tanto com seus próprios clientes como com seus colaboradores, que podem estar sendo assediados por melhores salários e perspectivas da empresa em ascensão.

Portanto, a forma como uma empresa se relaciona no mercado é algo extremamente volátil. No atual estágio de desenvolvimento em que as empresas se encontram é como viver em uma floresta, onde a competição e a cooperação entre os diversos players existem simultaneamente. Não se pode cochilar. É preciso estar atento e presente para aproveitar as oportunidades e se proteger das ameaças que surgirão.

Valores gerados × Valores recebidos

Toda organização existe para gerar valor, seja ele monetário, seja social ou intelectual. No caso das empresas privadas, o valor financeiro gerado vai para o acionista (na forma de lucro), para o cliente (na forma de benefícios), para o Estado (na forma de impostos) e para os colaboradores (na forma de remuneração). A existência da empresa estará condicionada à manutenção da capacidade de gerar valor. Assim, quando se planeja montar um negócio, há sempre a expectativa de uma determinada forma de retorno.[77]

Como vimos no capítulo anterior, o valor gerado pela empresa é proporcional à capacidade da sua gestão para manter próximas as dimensões polares – Propósitos/Realizações e Estratégias/Operações. Desse modo, o que gera valor, de forma consistente e sustentável, é a qualidade da gestão.

Imagens projetadas × Imagens percebidas

Toda organização projeta sua imagem no mercado visando capturar a simpatia do público-alvo de seu produto, serviço ou causa, para, no ato de uma possível compra, ser lembrada pelos clientes potenciais. É desse universo que trata o mundo das agências de propaganda, publicidade e de eventos, com suas ações institucionais, de produtos e serviços.

É curioso que esse conceito, que se restringia ao universo dos produtos de consumo, passou a ser utilizado em outros segmentos, como o de imóveis. Atualmente, quando se faz o lançamento de um prédio de apartamentos, além do habitual zelo pelos aspectos concretos da obra, como a localização, a qualidade do projeto e o tipo de material de acabamento, investe-se também em campanhas para a glamorização do empreendimento, algo que desperte o desejo, comumente inconsciente no cliente, que cada vez mais "habita" também neste mundo imaginário.

A publicidade é uma arte sofisticada, pois nela se trabalha com o simbólico. Há o caso clássico de uma companhia de bebidas que, para lançar determinada marca de refrigerantes, fez uma bem estruturada campanha. O conceito era simples, com três imagens em sequência. Na primeira havia um jovem cabisbaixo; na segunda, a imagem do produto; e na terceira, o jovem sorridente e feliz. Ou seja, a imagem que se queria passar era a de que o produto gerava bem-estar. A campanha foi um sucesso. Porém, ao fazerem o lançamento do mesmo produto em outro país, houve um

---

[77] Há casos em que o retorno esperado é a reputação do negócio ou participação de mercado (market share), pois o prestígio resultante pode ser tão relevante que a marca irá se valorizar e atrair investimentos vultosos – processo que no universo digital tem sido recorrente.

retumbante fracasso, e a campanha virou motivo de piada. Os publicitários se perguntaram: "O que foi que aconteceu, onde erramos? O conceito da campanha é tão simples e comunica tão bem...". O que houve é que no segundo país, Israel, a leitura se faz da direita para a esquerda; então, ao lerem o anúncio, o público local via primeiro um jovem feliz, depois via o produto e finalmente o jovem triste e cabisbaixo. Nesse contexto, o produto era como que um gerador de infelicidade... Portanto, para lidar com imagens é necessário levar em conta as questões relativas tanto ao indivíduo quanto ao contexto e à cultura local.

Relações vividas × Relações vivenciadas

Com a sociedade em rede, cada vez mais o mercado capta e vivencia as relações da empresa, tanto as internas quanto as externas. O grau de interação tem sido crescente nas últimas décadas e a tendência é de que será ainda maior no futuro. A forma como a organização trata seus colaboradores ou fornecedores está cada vez mais evidente, e isso aproxima ou afasta os players do mercado. Será cada vez mais difícil vender uma imagem distinta daquilo que se é no âmbito das relações, pois isso não será sustentável.

Uma empresa pode ter ótimos produtos, contudo, cada vez mais o que ela vende de fato é um universo de relações zelosamente tramadas com os clientes desde sua fundação. Cada um dos colaboradores atua como agente de propagação dessas relações pelo modo como se relaciona, permanentemente, com todos. É por meio dessa extensa rede relacional que a empresa pode interagir e ouvir as demandas do mercado. Cada vez mais os executivos precisarão investir considerável tempo de suas agendas para dialogar com o campo, com o mercado, buscando decodificar os anseios que daí vêm.

Os diferentes graus de impacto percebidos pelo mercado
Uma empresa causa impactos de várias ordens no mercado conforme ela atua. E o mercado a avalia conforme o significado de tais impactos, sendo mais tolerante com as questões dos níveis estruturais básicos e bem rígida com as dos níveis superiores.

Para ajudar a entender essa relação, imagine que uma empresa tenha fabricado um produto, um carro, por exemplo. Ao comprá-lo, você, cliente, teve, inicialmente, contato com o produto em si, algo que compete à dimensão das Realizações. Suponha, no entanto, que você tenha detectado no veículo um pequeno, mas inconveniente, problema na regulagem do freio. Você acionará, na dimensão das Operações, o serviço de atendimento ao cliente (SAC), visando sanar o defeito. Se for bem atendido – com uma resposta cordial do tipo: "Lamentamos o ocorrido, senhor. Mas não precisa se preocupar. Basta levar seu carro a uma de nossas concessionárias, que faremos o ajuste necessário e o senhor poderá retirá-lo no mesmo dia. Caso precise de um táxi, nós o reembolsaremos" –, você vai achar que, apesar do incômodo, não houve grandes problemas, e poderá até sentir mais admiração pela marca. Entretanto, se ao ligar o atendimento for precário – e a mensagem for: "Pedimos que o senhor ligue novamente para agendar o atendimento e, num prazo de 72 horas, lhe diremos se, de fato, há algum problema em nosso produto e como o senhor deve resolver a questão" – certamente você irá mudar o tom, argumentando que a solução é inadmissível e que gostaria de falar com o gerente.

Assim, se os serviços estruturados não derem conta da reclamação, você recorrerá ao nível das Relações, buscando a solução com alguém que tenha poder para resolver a questão. Ao ser atendido, caso o gerente seja prestativo e, após sua queixa, encaminhar a questão devidamente, você, um tanto quanto irritado, aceitará o pedido de desculpas. Caso contrário, se ao falar com o tal gerente você sentir que está sendo "enrolado", e que na verdade o problema no seu carro não é uma simples questão de ajuste, mas que aquela montadora, como Estratégia para reduzir custos, está usando componentes de baixa qualidade num item de alta importância, isso irá atingir o nível dos Propósitos, porque envolverá uma questão de valores. Essa empresa, então, acabará por perder você como cliente. Se esse fato se multiplicar no mercado, sua reputação irá progressivamente decair e, no limite, a empresa fechará as portas. Na realidade, toda e qualquer manifestação da empresa, captada por seus diversos stakeholders, é sempre permeada, simultaneamente, por elementos das quatro dimensões e pelas relações de seus representantes. Contudo, para as questões relativas aos níveis das Realizações e Operações há um grau de tolerância maior do que para aquelas que envolvem os níveis das Estratégias e dos Propósitos. Desse modo, erros honestos até são tolerados, desde que não se repitam, mas caso a honestidade da organização seja colocada em dúvida, essa relação dificilmente terá futuro, a menos que se trate de um monopólio. Daí a necessidade da gestão integrada e de se cuidar dos vínculos com todos os stakeholders.

Relativa às Forças Estruturantes

Dos diversos stakeholders, somente alguns terão interesse e capacitação para entender as emanações oriundas do nível das Forças Estruturantes. Por exemplo, as estruturas de Capital e de Poder da empresa interessam aos órgãos reguladores, como governo (por meio da Receita Federal e CVM), bancos e entidades de classe; aos investidores (atuais, como também aos potenciais) e ainda aos concorrentes. Já a esfera da Cultura interessa aos colaboradores, universidades, empresas parceiras e, novamente, aos concorrentes.

Por ser tão peculiar, a dinâmica entre os domínios das Forças Estruturantes poderá ser sentida, observada e estudada, mas jamais copiada por qualquer outra organização. Pode-se perceber que há um nexo entre eles e a forma como a empresa atua no mercado, mas não se pode fazer o contrário, isto é, predizer como será a atuação no mercado a partir da análise dos domínios. Daí o fruto gerado a partir de um empreendimento ser sempre uma incógnita, não havendo um jeito "certo" de se empreender, e o risco sendo um componente inexorável a qualquer investimento que se faça em uma empresa. A consciência da existência de riscos associada às boas práticas de gestão e governança serão importantes fatores para mitigá-los e possibilitar melhores perspectivas ao negócio.

Reputação e branding – lidando com o universo externo

Fruto das diversas interações com seus stakeholders a empresa vai gradualmente construindo sua reputação que, no entanto, pode ruir rapidamente caso fatos, ou mesmo boatos, lancem uma nuvem de dúvidas sobre suas motivações e seus valores. Vem do século I antes de Cristo a célebre frase romana: "À mulher de César não basta ser honesta, deve parecer honesta", que demonstra ser a preocupação com a reputação algo presente há milênios na história humana. E o mesmo ocorre na história das organizações. O sistema bancário, por exemplo, desde sua origem no tempo das Cruzadas, desenvolveu-se sustentado, e até hoje é assim, pela reputação de ser digno de crédito, de confiança. O abalo em tal confiança, na própria instituição ou em algum de seus principais líderes, pode levar a uma fuga de clientes com consequências nefastas para a sobrevivência do negócio.

Cuidar da reputação corporativa não é algo novo, mas, como se sabe que é impossível controlá-la, percebeu-se que seria prudente gerenciá-la. Para fazê-lo é necessário entender como se compõe tal conceito, e avaliar a situação da empresa em relação a ele. Assim, pode-se enfatizar o que está sendo considerado bem-avaliado e fazer ajustes no que não está. Porém, a gestão consciente da reputação é algo relativamente recente, tendo se iniciado em meados da década de 1990, e ainda é muito pouco praticada. Teve origem quando as empresas se deram conta de que um de seus maiores ativos eram suas próprias marcas, pelo impacto que causam – tanto em termos cognitivos como em termos emocionais – em seus clientes e no mercado em geral. A partir de então, as maiores corporações passaram a fazer a gestão desse ativo sutil e a valorizar o papel de sua reputação para proteger sua imagem. Com o apoio das agências especializadas em questões de influência e reputação, foram desenvolvendo uma nova abordagem, mais ampliada, no modo de se comunicar com a sociedade.

Como vimos, a reputação é construída a partir daquilo que a empresa emana da esfera das Forças Estruturantes, em particular de sua Cultura, influenciando os centros das Relações (tanto internas quanto externas) e a dimensão das Realizações (por meio de seus produtos e serviços, valores gerados e imagens propagadas). Ela é construída pelo conjunto dos stakeholders de fora para dentro, com base em dois aspectos: a experiência (própria e de terceiros) e a informação (no que se vê/ouve nos meios de comunicação). A reputação é pautada pelas interações com a empresa no passado, somadas ao que se imagina como serão as interações no futuro.

Antes do advento da internet, por meio da publicidade se vendiam empresas imaginárias, absolutamente idealizadas. Atualmente, com as quase onipresentes redes sociais, é impossível pretender ser, por muito tempo, algo que verdadeiramente não se é. A empresa está em permanente contato com todos os seus stakeholders, e o que ela de fato é acaba "vazando" para o mundo externo. Se o que vazar não estiver em consonância com a que estiver sendo divulgado institucionalmente, isso será considerado marketing mentiroso, e poderá causar repulsa aos que se sentirem enganados. O sentimento positivo, que por ventura possa ter sido conquistado, rapidamente se esvairá, e seu lugar será tomado pela raiva e indignação.

Temos visto no mundo todo, ultimamente, uma onda de escândalos corporativos que chocam a sociedade e o mercado de capitais. Como o mercado está baseado na credibilidade, cuidar da reputação ganha ainda mais relevância, fazendo com que esse tópico entre na pauta da presidência das empresas. Nos mercados mais maduros, como no norte-americano, há um crescente número de *rankings* de reputação para comparar as empresas nesse quesito.

Contudo, nas interações de uma organização com seus stakeholders, há a necessidade de se lidar com outro aspecto além da gestão da reputação, o chamado branding. Como a reputação e o branding operam em uma dinâmica própria às polaridades, é fundamental que esses aspectos sejam geridos de modo complementar e integrado.

> Em artigo publicado pelo MIT, Richard Ettenson e Jonathan Knowles relatam que "a sociedade está atribuindo importância crescente à ética nos negócios, e as partes interessadas estão mais preparadas do que nunca para responsabilizar as corporações por suas ações. Além disso, uma reputação favorável desempenha papel importante para atrair os melhores talentos, fornecedores e investimentos. Numerosos estudos vêm demonstrando a importância que os funcionários atribuem ao fato de trabalhar para uma empresa da qual possam se orgulhar. Os fornecedores reconhecem que podem reduzir seus riscos contratuais ao trabalhar com parceiros que podem confiar. E os analistas financeiros agora incluem medidas de reputação entre seus critérios de investimento".[78]

---

[78] Richard Ettenson e Jonathan Knowles, "Don't Confuse Reputation With Brand". *MIT Sloan Management Review*, 1º-1-2008. Disponível em: http://sloanreview.mit.edu/article/dont-confuse-reputation-with-brand.

Para Clay Timon – ex-CEO da Landor Associates, empresa norte-americana especializada em gestão estratégica de marcas –, o branding deve ser entendido como um modo de se criar vínculo intelectual e emocional entre os clientes e a marca. Para isso é necessário trabalhar com quatro aspectos: *diferenciação* (o que torna a empresa distinta das demais em seu segmento), *relevância* (o que torna a empresa importante para seus clientes), *estima* (o que os clientes pensam sobre a empresa e como a veem emocionalmente) e c*onhecimento* (o que os clientes sabem da empresa e sobre o que sua marca representa). Fazer a gestão do branding é buscar maximizar tais aspectos ressaltando a singularidade da empresa no mercado. Tal singularidade se manifesta nas cores, no nome, na tipografia, no visual e no *look and feel* da marca. Via de regra, quanto mais forte a marca, maior o retorno financeiro que ela proporcionará e maior a fidelidade de seus clientes.

Contudo, segundo Ettenson e Knowles,

> [...] muitos executivos falam sobre reputação corporativa e branding como se fossem a mesma coisa. Mas não são, e confundir as duas coisas pode custar caro. Focar na reputação à custa da marca pode levar a ofertas de produtos com pouca força no mercado. Por outro lado, concentrar-se na marca e negligenciar a reputação pode ser igualmente perigoso, o que pode resultar em perda do valor da ação, dificuldades para atrair os melhores talentos e até mesmo boicotes a certos produtos.[79]

Ou seja, pode-se considerar que um determinado carro seja muito robusto e seguro (boa reputação), mas o seu *design* está defasado e sua marca carece de atrativos (mau branding). Ou o contrário, o carro é lindo e moderno, mas sua rede de concessionárias não é bem avaliada por cobrar preços exorbitantes. É a conciliação de ambos que dará a uma empresa um sólido diferencial competitivo.

Ambos, reputação e branding, são valiosos ativos intangíveis de uma empresa, que precisam ser gerenciados em conjunto, e para isso é preciso contemplar, simultaneamente, tanto as Forças Estruturantes, sobretudo a da Cultura, como as dimensões do Núcleo Estrutural, em especial a dos Propósitos e a das Realizações. A reputação, baseada na efetiva prática dos valores estabelecidos por meio de ações cotidianas, de fato legitimará a relação da organização com todos os seus stakeholders, mas não a fará distinta. Ou seja, ela é necessária, mas não suficiente. Já o branding,

[79] *Ibidem.*

baseado na efetiva prática dos valores por meio de seus produtos e serviços, trará para a empresa relevância e diferenciação, mas terá sua força amplificada somente se associada a uma sólida reputação.

Como se pode perceber, sendo a organização uma entidade viva, sua relação com o mercado tem uma qualidade orgânica. Sendo permeáveis às fronteiras que separam a empresa do mercado, há uma troca permanente entre ambos. O que se faz para fora repercute para dentro, e o que é feito para dentro reverberá para fora.

No âmbito das empresas menores, a gestão da reputação e do branding ainda é praticamente ignorada. Provavelmente jamais poderá ser feita nos mesmos moldes das corporações, mas é importante que esteja presente no modo de se pensar e planejar, mesmo de um pequeno empresário. Ou seja, é preciso permanecer atento à imagem que se está construindo ao interagir com clientes, fornecedores, funcionários, etc., pois ela será fundamental para que seu negócio possa se ampliar e, eventualmente, enfrentar crises com maior estabilidade e firmeza. Enfim, a gestão eficaz da reputação e do branding é uma maneira de tentar assegurar a perenidade do negócio em um ambiente instável, por meio de conexões mais profundas, tanto para fora, com a sociedade como um todo e cada cliente em particular, como para dentro, engajando os colaboradores ao fortalecer seus vínculos com a empresa.[80]

---

[80] Para mais informações sobre o assunto, recomendo a leitura de Sabrina Helm, Kerstin Liehr-Gobbers & Christopher Storck (orgs.), *Reputation Management*. Nova York: Springer, 2011.

Governança corporativa

Os conceitos da governança corporativa têm sido aplicados às grandes empresas e, por indicar a maneira que uma organização deve ser administrada, tais conceitos são também válidos para quaisquer empresas, visto que elas têm alguma forma de governança vigente, que pode ser mais ou menos formal ou estruturada. O mais elementar preceito de governança fica expresso no contrato social firmado na fundação do negócio, que trata do seu objetivo e, principalmente, das regras de gestão, remuneração e sucessão estabelecidas entre os sócios. Entretanto, o que usualmente fica ali acordado são aspectos muito básicos e restritos a poucos stakeholders.

Sendo tão básicos, esses acordos de governança funcionam bem enquanto tudo estiver indo bem, mas, caso haja uma crise, independentemente de que natureza for, emergirão questões que são da ordem da percepção dos direitos de cada um dentro da empresa, e, se isso não for devidamente elaborado, o debate sairá do campo meramente racional e lógico para o terreno escorregadio das emoções, e esses costumam levar a sentimentos exacerbados entre os envolvidos. Isso tudo pode afetar as principais relações, como a amizade preexistente entre sócios, vínculos familiares de toda ordem e até mesmo ameaçar a própria existência do negócio. Os tribunais estão repletos de causas ligadas a essas questões.

> Segundo o site Investopedia, "governança corporativa é um sistema de regras, práticas e processos pelos quais uma companhia é dirigida e controlada. A governança corporativa essencialmente busca encontrar um equilíbrio entre os interesses dos diversos stakeholders da empresa, como acionistas, gestores, clientes, fornecedores, financiadores, governo e a comunidade. Como a governança corporativa também provê o framework para o atingimento dos objetivos da empresa, ela engloba praticamente todas as esferas do gerenciamento, desde planos de ação e controles internos até mensuração do desempenho e divulgação das informações corporativas".[81]

---

[81] Disponível em <http://www.investopedia.com/terms/c/corporategovernance.asp>.

Dessa constatação surgiu a necessidade de se estabelecer uma governança que fosse explicitamente elaborada, levando em consideração não apenas os sócios, mas também os demais indivíduos e entidades afetados pelo que acontecer na empresa, como clientes, fornecedores, familiares, investidores minoritários, conselheiros, gestores, colaboradores, governo e sociedade.

É importante distinguir *governança* de gestão, pois elas operam em diferentes esferas, sendo que a primeira define os parâmetros para que a segunda seja feita de modo satisfatório. Ou seja, a governança opera no âmbito das Forças Estruturantes, tendo um grande impacto na gestão, que acontece no nível do Núcleo Estrutural.

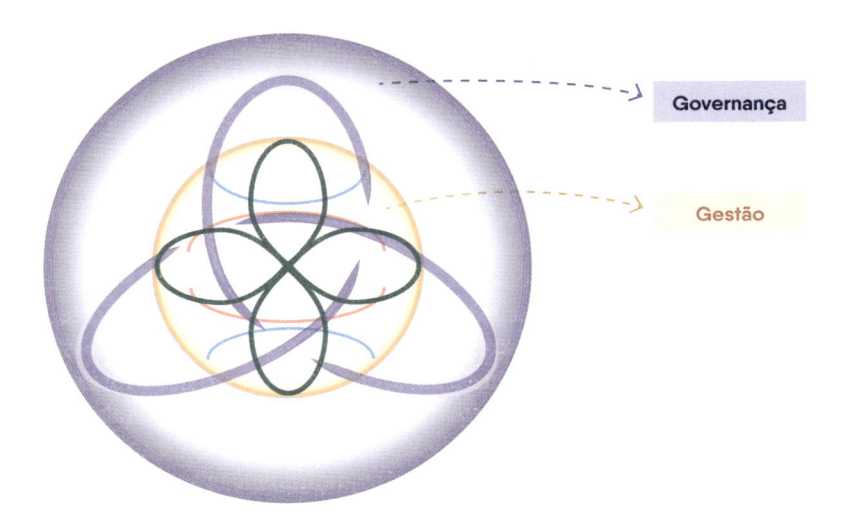

Figura 26. Esferas da governança e da gestão.

Assim, para dar maior clareza sobre quem e como se "governa" uma empresa, é que as principais organizações adotaram a governança corporativa. Com ela busca-se lidar com a natural tensão, e eventual conflito de interesses, entre os domínios Capital, Poder e Cultura. Quanto a essa última, apesar de não ser usualmente citada, é essencial ao estabelecer e alinhar a todos os envolvidos quanto ao que é aceitável ou não no modus operandi da empresa.

Deve partir dos representantes do Capital (sejam eles os sócios, sejam os membros do conselho de administração) a base para a construção de um bom acordo de governança. Primeiramente eles devem buscar um alinhamento e tomar decisões relativas a como se dará o relacionamento entre si, para que diferenças não se propaguem e gerem ruídos na empresa. O próximo passo é acordar a respeito de como devem ser operadas as questões no âmbito do Poder e da Cultura. Por exemplo: "O que vamos demandar dos gestores?"; "Que regras vamos estabelecer entre nós para nos relacionarmos com os gestores?"; "Que autonomia lhes será delegada?"; "Que cultura queremos ver implantada (ou sustentada) na organização?", etc. Havendo tal alinhamento entre os representantes do Capital, as demandas dessa ordem poderão ser expressas de modo a trazer uma boa base para que quem estiver incumbido de exercer o Poder o faça de modo consistente.

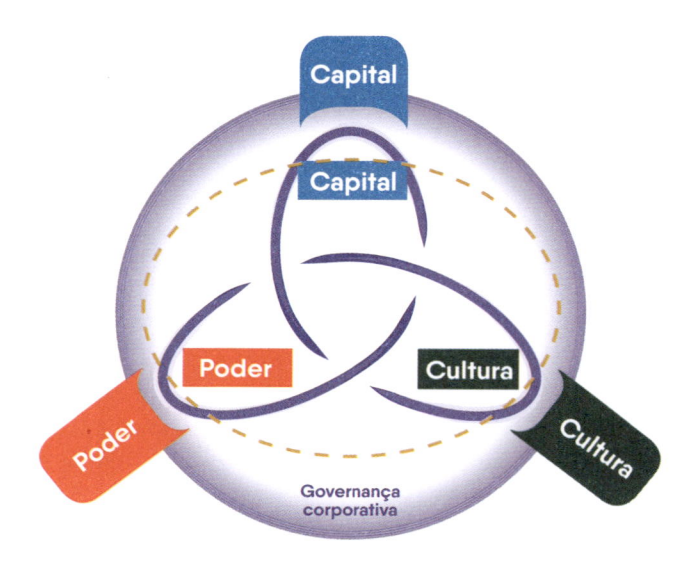

Figura 27. Governança corporativa.

Estando bem equacionada a dinâmica entre Capital/Poder/Cultura, haverá uma estabilidade cujos efeitos serão extremamente benéficos para que a organização possa realizar os seus propósitos. Por exemplo, havendo regras claras quanto à delegação de poder dos acionistas aos executivos, deixando formalizado o propósito da empresa, bem como o que se almeja enquanto resultados, esses poderão atuar com alto grau de autonomia e accountability. Assim poder-se-á melhorar a gestão, fortalecer os vínculos com os colaboradores e aprimorar as relações com o universo externo, de modo a atrair e a manter investidores e dar transparência às transações com clientes e fornecedores. Estando ainda as dimensões de Capital/Poder/Cultura em sintonia com as regras relativas ao capital, poder e cultura da sociedade, haverá uma tal aceitação da empresa no mercado que a tornará mais valorizada e segura.

Há no Brasil o Instituto Brasileiro de Governança Corporativa (IBGC) voltado ao desenvolvimento e à divulgação das melhores práticas sobre o tema. Segundo ele "as boas práticas de governança corporativa convertem princípios em recomendações objetivas, alinhando interesses com a finalidade de preservar e otimizar o valor da organização, facilitando seu acesso a recursos e contribuindo para a sua longevidade".[82]

Para o IBGC a governança é um "sistema pelo qual as organizações são dirigidas, monitoradas e incentivadas, envolvendo os relacionamentos entre proprietários, Conselho de Administração, Diretoria e órgãos de controle".[83] Assim, há alguns princípios que a balizam, como:

- **Transparência**. Mais do que a obrigação de informar é o desejo de disponibilizar para as partes interessadas (stakeholders) informações que sejam do seu interesse e não apenas aquelas impostas por disposições de leis ou regulamentos. A adequada transparência resulta em um clima de confiança, tanto internamente quanto nas relações da empresa com terceiros. Não deve restringir-se ao desempenho econômico-financeiro, contemplando também os demais fatores (inclusive intangíveis) que norteiam a ação gerencial e conduzem à criação de valor.
- **Equidade**. Caracteriza-se pelo tratamento justo de todos os sócios e demais stakeholders. Atitudes ou políticas discriminatórias, sob qualquer pretexto, são inaceitáveis.
- **Prestação de Contas** (accountability). Os agentes de governança (sócios, conselheiros e gestores) devem prestar contas de sua atuação, assumindo integralmente as consequências de seus atos e omissões.
- **Responsabilidade Corporativa**. Os agentes de governança devem zelar pela sustentabilidade das empresas, visando a sua longevidade e incorporando considerações de ordem social e ambiental na definição dos negócios e operações. Partes interessadas ou stakeholders

---

[82] Instituto Brasileiro de Governança Corporativa, *Caderno de boas práticas de governança corporativa para empresas de capital fechado: um guia para sociedades limitadas e sociedades por ações fechadas*. São Paulo: IBGC, 2014, p. 12. Disponível em <http://www.ibgc.org.br/userfiles/2014/files/Arquivos_Site/Caderno_12.PDF>.

[83] *Ibidem*. Conforme o tipo e o porte da empresa é obrigatório que haja órgãos de controle como Conselho Fiscal e Auditoria Externa.

são entidades ou indivíduos que assumem algum tipo de risco, direto ou indireto, relacionado à atividade da organização. São eles, além dos sócios, colaboradores, clientes, fornecedores, credores, governo e comunidades do entorno das unidades operacionais, entre outros."[84]

Como podemos ver pelos conceitos expostos anteriormente, ao implementar uma sistemática sadia de governança corporativa uma organização entra em um caminho que pode lhe render diversos ganhos, mas cuja disciplina de execução requer flexibilidade, transparência e um forte compromisso dos acionistas para que seja bem-sucedida. Há vários casos de "empresas de dono" nas quais o principal acionista tem o desejo de abrir o capital e, assim, obter recursos para a expansão do negócio, mas tem muita dificuldade em aceitar as regras que tal abertura demanda, sentindo-se tolhido em sua liberdade de agir e angustiado quanto às eventuais perdas de oportunidade em razão de ter que se submeter a regras preestabelecidas. Entretanto, para quem é um investidor externo, tais parâmetros tornam mais seguro o negócio na medida em que coíbe o agir impulsivo que um empresário possa ter. Em termos macro, quanto mais organizações tivermos seguindo tais diretrizes, mais próspero será nosso mercado e mais benefícios serão gerados para toda a sociedade.

[84] *Ibidem.*

Fases do desenvolvimento organizacional

Ao compreendermos a organização como um organismo vivo, devemos pressupor que haja algum processo para que ela se desenvolva. De fato, ao longo do tempo e do seu amadurecimento as empresas mudam, seja para atender às demandas do mercado, seja para se adaptar a alguma inovação tecnológica em seu segmento ou à ação de algum concorrente, seja para atender às expectativas dos sócios ou a alguma nova regulamentação por parte do governo, etc. Algumas mudam para melhor, outras para pior. Algumas prosperam, outras vão à falência. Há empresas que se desenvolvem em algumas dimensões, permanecendo estáveis em outras. O fato é que se transformam.

Já que sabemos que as organizações se transformam, crescentemente percebemos a necessidade de se investir para direcionar essa transformação. Pois, imersa em um ambiente instável e volátil, as empresas precisam permanentemente se adaptar e desenvolver novos diferenciais para continuarem sendo uma boa opção para todos os seus stakeholders, ou seja, para seus clientes, colaboradores, comunidade que a circunda, sociedade e sócios, pois cada um deles tem sempre a opção de manter-se conectado e apoiando a empresa ou desligar-se dela.

Por ser um organismo social vivo, o desenvolvimento da empresa ocorre em estágios. As principais diferenças entre ela e um organismo biológico é que, primeiramente, por causa da importância do nível das relações para sua vida, o que rege a organização não é Chronos, o tempo cronológico, mas Kairós, o tempo das relações, o "momento oportuno". E, ainda, enquanto para um ser biológico necessariamente há nascimento, desenvolvimento, amadurecimento e morte, para as organizações não precisa haver morte, pois as mudanças de estágio estão condicionadas às relações que a empresa estabelece em seu meio, podendo dessa forma permanecer ativa por séculos.[85]

Assim como algumas pessoas, desde muito novas, apresentam uma postura mais madura que as outras, algumas empresas também, desde sua fundação, têm maior maturidade, compreendem melhor sua responsabilidade social e são geridas de modo mais sustentável. Porém, o fato de uma

---

[85] Para saber mais acesse <http://exame.abril.com.br/negocios/noticias/10-empresas-com-1-000-anos-ou-mais-sim-voce-leu-certo#5>.

pessoa ser mais madura hoje do que era antes não garante que esse processo se repetirá. Isso é desejado, mas há inúmeros casos em que podemos testemunhar certo retrocesso. Assim, as empresas, conforme as dificuldades que estejam atravessando, o modo como for feita a sua gestão durante uma crise ou a condução dos seus processos de sucessão, podem regredir.

Há dois estudos sobre o desenvolvimento das organizações que se tornaram referência – o de Ichak Adizes e o de Bernard Lievegoed com Fritz Glasl. Nesses estudos as empresas são consideradas como seres vivos que, ao longo de suas vidas, passam por crises bastante típicas. Se essas crises forem encaradas de maneira positiva, podem levar a empresa a dar um salto em seu nível de desenvolvimento; porém, caso contrário, se não houver a capacidade de contornar os obstáculos que as crises trazem, poderá ser o fim da organização. Por isso, é melhor não as ignorar porque quanto mais consciente for o modo de enfrentá-las, melhor será o prognóstico para a empresa. Para Adizes, há onze fases distintas, associadas aos estilos de gestão de seus fundadores/administradores. Vão do nascimento à morte, sendo que esta não é algo inevitável, mas que ocorrerá caso a gestão não se mantenha dinâmica e atuante para enfrentar as mudanças do meio ambiente em que estiver inserida.

Os estudos de Lievegoed e Glasl foram aprofundados no Brasil pelos fundadores da Adigo, empresa voltada para o desenvolvimento organizacional – Daniel Burkhard, Jair Moggi, Bernhard Walzberg e Alberto Barros. Eles nos mostram que há tipicamente quatro fases de desenvolvimento das empresas: a *pioneira*, a *diferenciada*, a *integrada* e a *associativa*. Como veremos, o que antecede a entrada numa nova fase pode ser uma crise, que forçará a empresa a se reposicionar, ou o despertar de uma nova consciência em seus gestores. É importante ressaltar que, como dissemos anteriormente, há empresas que desde sua fundação já tem um alto grau de maturidade, e que por isso são capazes de saltar as duas primeiras fases, começando na perspectiva da fase Integrada.

O gráfico a seguir mostra como se dá a evolução das empresas ao longo do tempo Kairós, não do tempo cronológico. A entrada em uma nova fase, geralmente, é precedida por dilemas quanto ao que fazer para lidar com as mudanças a que a empresa estiver sendo exposta. A dificuldade de elaborar soluções para as questões emergentes levará muitas vezes a organização à inação e esta a uma crise, que em geral é bastante típica.

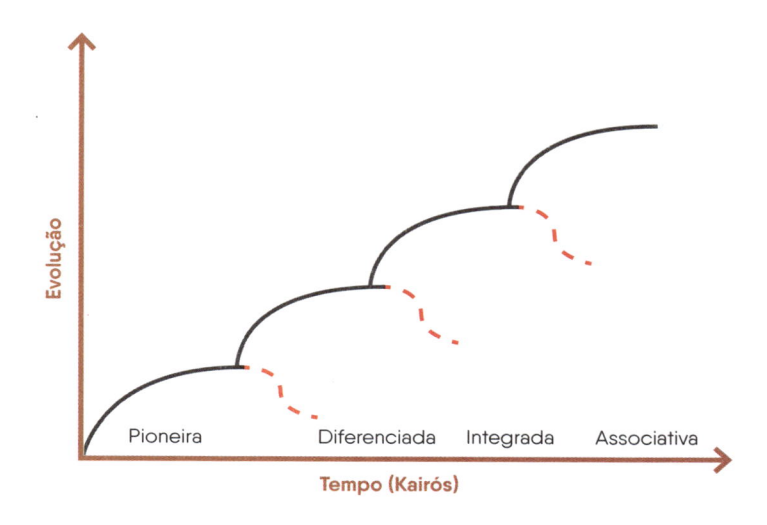

Gráfico 3. Fases do desenvolvimento organizacional.

Fase pioneira

No início de uma empresa os domínios Capital, Poder e Cultura estão diretamente conectados ao seu fundador, que aporta o capital financeiro, o intelectual e, social, que concentra todo o poder e determina o que fazer e dita uma cultura, normalmente de modo inconsciente, sobre como se fazem as coisas.

Como um "rei", que sozinho rege todo seu reino, é ele quem determina os Propósitos e quais devem ser as Realizações. Na dúvida quanto ao que fazer, basta lhe dirigir o olhar que ele dirá o que deve ser feito e para onde ir. Isso torna a empresa extremamente ágil, flexível e cheia de energia, pois há pouca burocracia. Para atender um novo cliente, a empresa é capaz de grandes transformações. Para contratar uma pessoa talentosa, é possível redesenhar uma área inteira. Diz-se que a empresa, nesse estágio, não tem um organograma, mas um "humanograma", porque as funções são organizadas de acordo com as habilidades individuais, sendo comum que no organograma conste o nome do profissional responsável e não o nome da área ou cargo que ele ocupa. Os riscos, entretanto, são proporcionais às vantagens, pois, por depender da capacidade e mesmo do humor do fundador, um equívoco seu em uma decisão importante pode levar a empresa até mesmo à falência. Recentemente ouvi de um executivo que trabalha em uma empresa familiar, ao lado do fundador, que este costuma dizer: "Façam o que eu mando. E, se der prejuízo, o dinheiro é meu!". Porém, na realidade, as consequências vão muito além do "seu dinheiro", podendo enfraquecer a empresa, levar à necessidade de corte de pessoal, etc. Essa atitude dos pioneiros muitas vezes se mantém ao longo de vários anos, para o bem e para o mal dos negócios.

Considerando as quatro dimensões, podemos ver que o gestor dessas empresas tem baixa percepção e compreensão dos aspectos sutis e põe seu foco na gestão das Operações – como produzir bons produtos e serviços, melhorar os processos e aprimorar a estrutura. Por sua vez, as Relações, apesar de haver louváveis exceções, são tipicamente "egocêntricas", restritas ao universo interno, voltadas para o "próprio umbigo" da organização.

Figura 28. Domínios da Quintessência – Fase pioneira.

Características
- Seu líder é carismático.
- A personalidade do fundador molda a estrutura e a forma de trabalho.
- A lealdade é mais valorizada que as competências técnicas.
- É próxima dos clientes, mas ignora a maior parte de seus demais stakeholders.
- As funções são altamente personalizadas, organizadas conforme as habilidades dos principais colaboradores ("humanograma").

- Ambiente criativo, flexível, em que há muito improviso para se atender às demandas dos clientes.
- O foco da gestão está no crescimento.

Com o passar do tempo, sendo a empresa bem-sucedida, ela atrairá profissionais e, quanto mais qualificados eles forem, é comum que surjam tensões internas e questionamentos. No front externo, as demandas de seus clientes tendem a aumentar e a oferta de serviços e produtos de concorrentes podem se intensificar. Ao se destacar, ela fica mais exposta às exigências dos órgãos reguladores, sendo necessário que haja um processo cada vez maior de formalização de todas as suas ações. Essas questões tendem a gerar crises.

Crises típicas
- Perda de credibilidade na capacidade do pioneiro de lidar com um contexto mais complexo.
- O pioneiro torna-se resistente às mudanças e às necessidades de adaptações da empresa.
- Há conflito de gerações.
- Risco de perda do controle em razão da informalidade de alguns processos.
- A dificuldade para delegar tarefas torna o pioneiro um gargalo que trava as decisões na empresa.
- O caos e a desorganização tornam-se evidentes.

Fase diferenciada

Vimos na fase anterior que, quando alguns problemas aparecem, geralmente é porque a empresa está crescendo. São problemas advindos justamente pelo seu sucesso, mas seu dono não está conseguindo dar conta de tudo sozinho. É, então, necessário contratar mais pessoas; não para a área de produção, mas, sim, para efetivamente ajudar na gestão. Considerando que um grupo irá cuidar do gerenciamento, torna-se indispensável que haja uma melhor organização, sendo formalizadas algumas políticas, feita uma melhor divisão de trabalho e implantados sistemas de gestão.

Ou seja, para que a empresa cresça é necessário que os domínios Capital, Poder e Cultura gradativamente se diferenciem. É um momento crítico para o dono. Acostumado a ter poder total, ele terá que aprender a compartilhá-lo se quiser reter pessoas qualificadas. E quanto mais a empresa se desenvolve, a cultura vai se descolando da figura do fundador para ser uma mescla daquilo que todos os seus colaboradores aportam e que vai sendo reconhecido como válido ao modo de ser da organização. Assim, se não houver delegação de poder e transformação da cultura, o negócio permanecerá em seu estágio pioneiro e estará condenado a ficar do tamanho de seu dono, submetida a ele e às suas limitações.

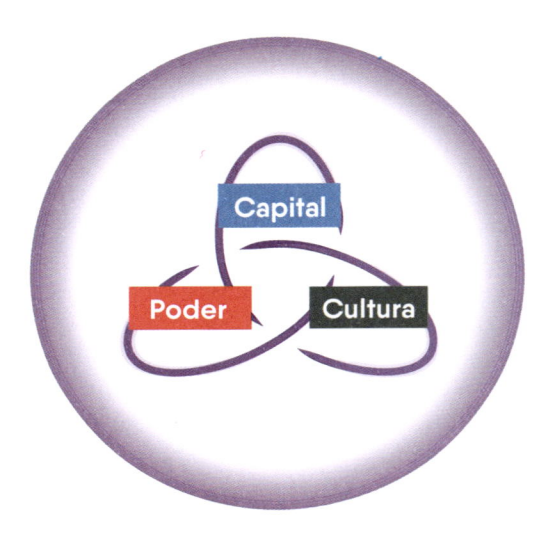

Figura 29. Domínios da Quintessência – Fase diferenciada.

O foco agora não pode mais se limitar à dimensão das Operações, passando a englobar as Relações e a tocar nas Estratégias, e assim a organização se volta para suas questões internas. Nesse contexto, é comum dar as costas aos antigos clientes que antes tinham um atendimento preferencial, pois a implantação de procedimentos padronizados tende a normatizar e eventualmente tornar rígidos assuntos que antes eram tratados de forma personalizada. Um exemplo pode ser a implantação de uma sistemática de cobrança que passa a multar o cliente quando atrasa um pagamento e que antes o "dono" permitia que alguns pagassem sem nenhum encargo. E, mesmo internamente, se antes, para retirar um vale, era só conversar com o dono, agora, com os novos procedimentos, tudo ficou mais difícil. Essa evolução dos processos geralmente gera um distanciamento nas relações e pode levar a empresa a perder importantes colaboradores ou mesmo parceiros comerciais; portanto, é vital gerir bem essa transição, de modo que os ganhos sejam maiores que eventuais perdas.

No âmbito das Relações, há um paradoxo: por um lado, a empresa já tem maior compreensão do mundo externo e, com isso, amplia o seu escopo. Mas, por outro, o ganho de amplitude pode vir acompanhado de uma perda de calor humano nas interações. O desafio é conseguir sustentar ambos os processos.

Certa vez, conversando com um jovem, dinâmico e bem-sucedido empresário, eu lhe perguntei se planejava levar sua empresa para atuar em outros países da América do Sul. Ele me respondeu: "Não tenho planos, não. Eu nem falo espanhol..." Ou seja, ele só concebia sua empresa como tendo o seu tamanho. Por outro lado, outro empreendedor, este mais maduro e vivido – há mais de trinta anos à frente de sua empresa –, me confidenciou: "Me dei conta de que eu posso envelhecer, mas minha empresa não". Essa frase revela com clareza a diferenciação entre empresário e empresa, que liberta os dois para que possam seguir seus próprios caminhos.

É nessa fase que os proprietários temem que, ao delegar mais poder e autoridade aos funcionários e ao permitir que a cultura vá além da sua, isso ponha em risco sua tão preciosa empresa. Por outro lado, é curioso que não percebam que, se continuarem como estão, também correm altos riscos, só que silenciosos e sorrateiros, que afetam diversas iniciativas.

Quando ciente de que a empresa está evoluindo, a postura de "dono" gradualmente se transforma na de "sócio", que ainda detém o controle sobre as dimensões dos Propósitos e das Estratégias, mas é capaz de delegar o que é das dimensões das Operações e das Realizações.

Características
- A gestão se torna mais racional e profissional e menos emotiva ou pessoal.
- Estruturas e papéis são formalizados, com uma melhor divisão de trabalho.
- Os processos de seleção tornam-se mais técnicos.
- Sistemas de gestão são implantados para aumentar a produtividade.
- Inicia-se a formulação de políticas, indicando o que pode ou não pode ser feito na empresa, independente de quem seja.
- Há significativos ganhos quanto aos controles já existentes.

À medida que evolui na fase diferenciada, a empresa se fortalece e passa a ter uma melhor estrutura e melhores procedimentos. Contudo, há o risco de se apaixonarem pelos controles, colocando-os à frente do propósito do negócio. Certa vez atendi uma grande organização do setor financeiro cujos diretores, desejosos de terem sob controle os diversos projetos que nela se desenvolviam, criaram uma complexa e bem aparelhada área para fazer a gestão e follow-up dos projetos. A área, porém, ficou tão poderosa que passou a monitorar todas as ações de forma tão eficaz que acabou sendo percebida como um estorvo ao desenvolvimento de ações criativas. Ou seja, o controle passou a ser um fim em si e gerou uma enorme reação em outras áreas que passaram a se sentir asfixiadas.

Crises típicas

- O excesso de burocracia faz os funcionários valorizarem mais os controles internos do que os produtos e serviços oferecidos aos clientes.
- O senso de propósito, que antes era apontado pelo proprietário, se fragmenta e, diluído, não mais norteia as ações.
- A rigidez nas diretrizes, nas políticas, nas estruturas, nos sistemas e nos procedimentos causam frustrações nas equipes.
- A percepção de que os sistemas e os processos são mais importantes do que as pessoas leva os funcionários a questionarem e resistirem às ordens, fragilizando a gestão.
- Perda de vitalidade e produtividade.
- Os boatos se espalham na empresa, afetando a comunicação interna.

Fase integrada

Uma empresa só passará da fase diferenciada para a integrada quando os gestores conseguirem transformar seu modo de ver a realidade. Enquanto estiverem presos a dilemas – como centralizar ou descentralizar, ter flexibilidade ou controles efetivos, dar autonomia aos gestores ou regulá-los –, a empresa seguramente estará na fase diferenciada, transitando de um polo ao outro da questão, se desenvolvendo de forma pendular, com muito desgaste interno e perdas na relação com o mercado.

Uma organização na fase integrada, ao contrário, entende que a centralização e a descentralização devem ser adotadas simultaneamente, pois ambas se complementam e, quando bem articuladas, são saudáveis para a empresa. Assim, esta consegue unir sistemas de alta eficiência e flexibilidade, tendo ao mesmo tempo alta produtividade e atendimento personalizado aos clientes. A empresa deixa claro que os limites existem, mas que eles sempre podem ser reavaliados.

Despertar para as questões ligadas à governança é que permitirá uma maior distensão entre os domínios Capital, Poder e Cultura. E, quanto mais consolidados como polos interdependentes, maior será a energia que deles emana para a estrutura da organização.

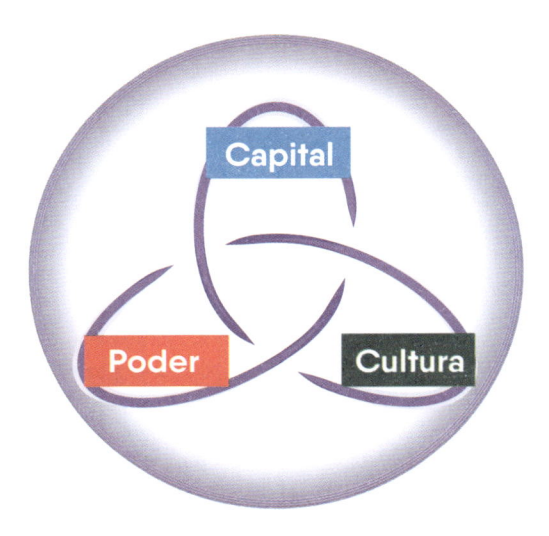

Figura 30. Domínios da Quintessência – Fase integrada.

Em termos do Núcleo Estrutural, na dimensão dos Propósitos está claramente consolidada a noção de missão da empresa, bem como seus valores vividos no dia a dia. Sua visão, de fato, guia todos para uma mesma direção. Na dimensão das Estratégias, as decisões têm caráter participativo, envolvendo as pessoas-chave da organização, com alto grau de transparência e cocriação.

Nas Relações, as trocas internas e externas são mais amplas, intensas e calorosas, havendo a prática de *feedbacks* sobre o que está ou não indo bem. Internamente, a estrutura se torna cada vez mais horizontalizada e há a valorização da meritocracia, com pouco espaço para "jogos de poder", uma vez que as políticas explicitam como devem ser os processos sucessórios. No âmbito externo, há a efetiva compreensão das demandas dos demais stakeholders, o que permite maior integração. Isso torna a empresa da fase integrada mais produtiva nas Operações e mais eficiente nas Realizações.

Características
- Missão, valores e visão são mantidos vivos, criando uma cultura de autorrenovação.
- Por se conhecer as responsabilidades de cada área, a interdependência entre elas é valorizada.
- A estrutura tem poucos níveis hierárquicos, permitindo grande autonomia das pessoas.
- A empresa reúne as melhores características das fases pioneira e diferenciada.

Estando a organização na fase integrada, ela carrega as possibilidades para sua perpetuação. Contudo, há riscos caso não se saiba lidar com os desafios listados a seguir.

Desafios típicos
- Acomodação.
- Mudanças bruscas no mercado podem criar barreiras para a empresa se reinventar.
- Desbalanceamento entre as áreas internas, levando uma área, ou um grupo, a ter poder excessivo sobre os demais, que cause ressentimentos e leve à fragmentação.
- Dificuldade em reter talentos ou atrair novos líderes caso haja uma grande estabilidade nas posições mais elevadas.

Fase associativa

Na fase associativa, a organização atua com uma visão que vai além da competição, e que constantemente pensa em si mesma e no mundo, no todo e na parte, de modo dinâmico e interconectado. Sua percepção é de que a empresa pode conquistar um lugar único no mercado, caso, internamente, esteja conectada às suas capacidades e aos seus talentos, e, externamente, às demandas de seus clientes, do mercado e da sociedade.

O modo de se fazer a governança se amplia, pois os domínios Capital, Poder e Cultura estão em permanente conexão com esses mesmos domínios da sociedade. E por ter um grau de desenvolvimento elevado passa a ter uma grande influência sobre ela, transformando-se numa fonte de inspiração que vai além do universo organizacional. O capital financeiro, via de regra, estará diluído entre múltiplos acionistas; o capital intelectual estará expresso, por exemplo, por suas patentes e marcas; o capital natural, cuja importância cresce de forma expressiva, deverá ser considerado em toda tomada de decisão. O Poder de gestão será exercido por um grupo de profissionais comprometidos em buscar os retornos esperados pelos acionistas para cada um de seus capitais, mas simultaneamente conectados às necessidades maiores de toda a sociedade. E a Cultura, normalmente bastante consolidada, irá permear toda a organização, sinalizando de modo delicado "como se fazem as coisas por aqui". Assim, os gestores terão que exercer seu poder levando em conta a influência de acionistas e a cultura estabelecida. Sendo bem-sucedidos, a empresa gerará valores para todos os seus stakeholders.

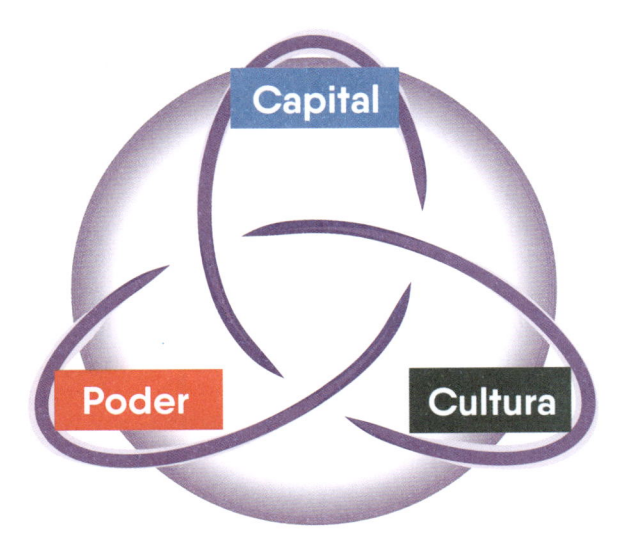

Figura 31. Domínios da Quintessência – Fase associativa.

A oferta de bens e serviços é desenvolvida em parcerias circunstanciais que englobam e articulam diferentes players, que, por terem diferentes qualificações, fazem propostas singulares para necessidades específicas da empresa.

A organização se torna horizontalizada, havendo uma hierarquia funcional e mutável conforme as exigências do contexto ou dos projetos em andamento. Assim, a atuação consciente é exigida em todos os níveis da empresa, tendo todos os indivíduos uma profunda compreensão de suas funções e do papel da organização no mundo, tanto no âmbito econômico como no social, cultural ou ambiental.

Levando em consideração as necessidades da sociedade como um todo, as relações da empresa vão muito além de suas fronteiras primárias. A empresa atua de modo colaborativo com outras organizações igualmente maduras, buscando trazer prosperidade sustentável para todos. Essa fase pode ser considerada inspiradora, na medida em que aponta caminhos para a empresa se tornar uma "cidadã do mundo", plenamente responsável por suas ações, e também um exemplo para os demais players do mercado, sejam estes de seu segmento, sejam de outros segmentos. As relações de uma empresa que esteja na fase associativa são bastante sofisticadas e complexas e requerem uma altíssima consciência coletiva. Há empresas, atualmente, com algumas características dessa fase, que conscientemente buscam vivê-la de modo mais pleno. Tais empresas, entretanto, ainda são raras.

Características
- Consegue manter as qualidades da fase integrada.
- A busca de geração de valor vai muito além da organização, englobando as necessidades da sociedade no modelo de negócio.
- Busca-se potencializar as capacidades de cada um dos stakeholders para melhor atender às suas demandas e às da sociedade como um todo.

Desafios típicos
- Atender às próprias necessidades da organização e manter-se conectada, simultaneamente, com as necessidades do mercado e da sociedade.
- Atender às demandas específicas da empresa no que se refere ao Capital, Poder e Cultura, estando atenta às expectativas da sociedade quanto a esses domínios.
- Manter-se saudável em suas Relações e nas dimensões dos Propósitos, Estratégias, Operações e Realizações e estar plenamente sintonizada com as questões e oportunidades da sociedade.
- Formar continuamente líderes, em todos os níveis, capazes de sustentar a organização durante essa fase.
- Manter uma sistemática de governança devidamente flexível para não se tornar dependente das capacidades e qualificações individuais de seus gestores. [86]

---

[86] Ver Dasra, "Organization Development: Challenges Facing NGOs". Disponível em http://pt.slideshare.net/csopartner/hr-od-challenges.

Como vimos, o grau de complexidade de uma organização tende a crescer conforme ela galga novos estágios em seu desenvolvimento. Seu maior porte e grau de exposição geram novos desafios e novas oportunidades de ordem interna e externa e demandam novos conhecimentos, habilidades e atitudes tanto dos gestores como dos colaboradores. Outro fator relevante é que suas áreas internas podem, e geralmente isso ocorre, estar em fases distintas. Pode-se ter a área fabril numa fase integrada e a área de controladoria na fase pioneira, o que demandará dos gestores uma compreensão ampliada para buscar a maior equalização possível, de tal forma que haja um saudável equilíbrio entre elas.

Por tudo isso, não é tarefa simples levar uma organização através das quatro fases descritas acima, mas a consciência da existência de tais fases pode ser um farol que a todos oriente em tão importante jornada.

O processo decisório a partir da Quintessência

Talvez a ação cotidiana mais trivial de uma organização seja a tomada de decisões. A partir do momento que se imaginou iniciar um negócio, houve decisões, desde a escolha do ramo de atuação até os produtos a se comercializar, quem chamar para auxiliar no trabalhar, etc. Mas, como já vimos, ação sem conceito não cria cultura. Assim, é importante refletir: como são tomadas as decisões em sua empresa? Afinal, segundo W. Chan Kim e Renée Mauborgne,[87] as pessoas valorizam as decisões do líder, mas valorizam ainda mais o processo que ele utilizou para se decidir.

A crescente complexidade de boa parte das empresas está levando (e em alguns casos forçando) os líderes a trabalharem na tomada de decisões de forma mais cooperativa e participativa. Passam a ter valor a diversidade de conhecimentos, habilidades, competências, percepções e até divergências. Segundo a fórmula de Ichak Adizes,

$$\text{Qualidade da Decisão} = \text{Divergência de Percepções} + \text{Convergência de Interesses}$$

Afinal, as divergências de percepção ampliam o modo de se ver a realidade e leva o grupo a ter discussões mais ricas, desde que somadas à convergência de interesses, ou seja, todos devem estar imbuídos de um mesmo propósito. Aí, sim, poderá haver decisões de alta qualidade.

Porém, é muito comum vermos a protelação das decisões, em especial aquelas mais delicadas. Trabalhei durante três anos como headhunter na seleção de executivos para postos importantes de grandes empresas nacionais e multinacionais. Houve vários casos em que identificamos ótimos candidatos, mas a diretoria da empresa contratante não conseguia chegar a um consenso sobre quem escolher. Os serviços já haviam sido pagos (e os honorários para tais serviços são elevados), e haviam gostado dos candidatos, entretanto, por causa das divergências políticas internas, da falta de clareza

---

[87] W. Chan Kim e Renée Mauborgne, "Fair Process: Managing in the Knowledge Economy", *Harvard Business Review*, janeiro de 2003. Disponível em https://hbr.org/2003/01/fair-process-managing-in-the-knowledge-economy.

e de alinhamento quanto ao desafio – e, portanto, sobre qual seria o melhor perfil para o cargo –, nada se decidia. Houve casos em que celebrávamos o aniversário do process, ou seja, já estávamos há mais de um ano sem nenhuma definição. Como consequência, os melhores candidatos, sentindo-se incomodados ou até mesmo desrespeitados, abandonavam o processo.

Às vezes pode ser sábio aguardar, mas a tática do "deixa como está para ver como fica" normalmente tem um alto preço. Principalmente se o assunto a ser decidido afetar a vida de pessoas importantes na organização, ou até mesmo o seu futuro. No contraponto, há aquele empresário que posterga a decisão e, de repente, num rompante, comunica algo que surpreende a todos. A insatisfação nesses casos ocorre na surdina e pode ter severas implicações na motivação dos colaboradores.

Na correria diária, o que normalmente acontece é o que chamo de "curto-circuito" na tomada de decisão, que limita sua reflexão ao resultado imediato (na dimensão das Realizações) e à forma como se vai realizá-la (na dimensão das Operações). Ou seja, muita "fazeção" e pouca reflexão. Tudo é bem dinâmico, mas pouco satisfatório nos resultados, pois geralmente só se muda o problema de lugar. Em termos gráficos, isso pode ser sintetizado como:

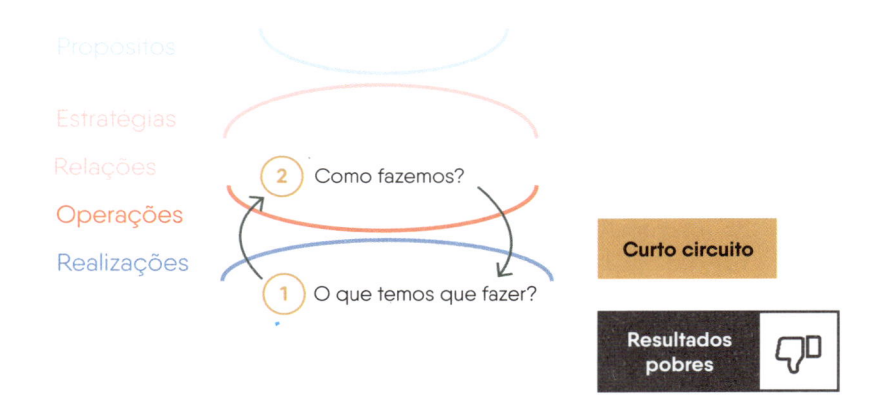

Figura 32. Processo decisório reativo.

Há um ditado africano que diz: "Se quiser ir rápido, vá sozinho; se quiser ir longe, vá acompanhado". Eu gosto de acrescentar que: "Se quiser ir rápido e longe, faça isso em time". Como sabemos, é muito mais simples tomar uma decisão sozinho, basta estar convencido sobre qual caminho seguir. Assim se vai rápido, mas dificilmente se vai longe. Para irmos longe precisamos do apoio de outras pessoas e, para isso, devemos considerá-las em nossas decisões. Essa poderá ser a diferença entre ter empregados ou ter colaboradores. Se quisermos que as pessoas trabalhem conosco ("co-laborem"), elas precisam ser ouvidas e respeitadas. Atualmente, os jovens talentos já trazem de casa a capacidade de questionar, de modo firme, o que os pais decidem. Da mesma forma, as decisões de um empresário ou executivo serão questionadas e, apenas se fizerem sentido, os jovens irão aderir a elas.

Assim, imagine que esteja no ponto A e deseje seguir em direção ao ponto B. Como fazer esse caminho? A menor distância entre dois pontos é uma reta, certo? Tudo bem, pode ser a menor, mas será que é a melhor? Por qual dos caminhos será possível chegar ao destino preservando a união e o comprometimento de todos? Para se buscar esse caminho, falaremos de um processo para a tomada de decisões, originalmente elaborado por Bernard Lievegoed,[88] e agora revisto à luz o conceito da Quintessência. A ideia é que se possa usá-lo em qualquer grupo de trabalho, nas pequenas ou grandes organizações, sendo simples e ao mesmo tempo poderoso. Certamente os elementos que serão descritos lhe serão familiares, mas é a estruturação e o encadeamento lógico que, quando usados com disciplina, podem ajudar que as decisões sejam tomadas em time, fazendo com que a organização dê um salto de qualidade não só na decisão em si, mas sobretudo no engajamento para a implantação do que for decidido.

Primeiramente, é importante deixar claro que estamos tratando de um processo decisório e, portanto, constituído de etapas que, quando devidamente cumpridas, geram resultados consistentes. Ao pular alguma, pode-se num primeiro momento ganhar tempo; porém, ao final se constatará que algo foi prejudicado. Essa é uma grande tentação, em especial pelo fato de os empresários e executivos serem pessoas que gostam de resolver os problemas, e resolver quanto antes. Assim, aprender a controlar esse ímpeto é vital para conseguir engajar os demais.

Trata-se de uma ferramenta útil tanto para a tomada de decisões individuais como em grupo. No primeiro caso, ajuda, e no segundo, é fundamental. Ela apresenta dois aspectos simultaneamente, um processual e outro estrutural.

---

[88] Ver capítulo 1, "Um novo olhar para as organizações", e o tópico "As quatro dimensões do Núcleo Estrutural", no capítulo 2.

Aspecto processual

O aspecto processual se desdobra em cinco etapas, organizando e dando uma sequência ao modelo dos "5W 1H" (*who / what / when / where / why / how*), usado por pesquisadores, jornalistas e consultores quando estes desejam a compreensão ampla de uma questão. A imagem abaixo traz a síntese do conceito, em que podemos ver as várias dimensões das Forças Estruturantes atuando no processo decisório:

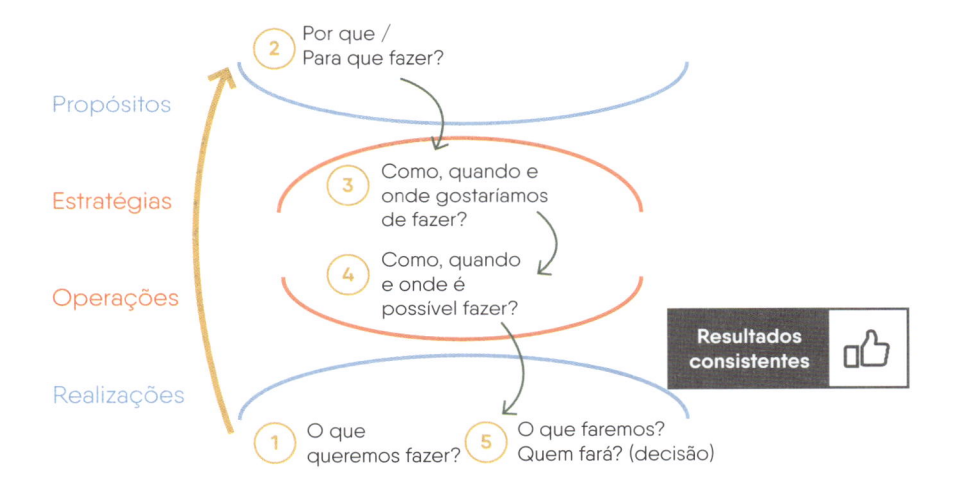

Figura 33. Processo decisório, segundo a Quintessência.

Vejamos a descrição das etapas, lembrando que, por não ser algo mecanicista, o processo não necessariamente é linear, e podendo retornar, quando preciso, às etapas anteriores:

1. O que queremos/temos que fazer?
(Alinhamento de expectativas)
Etapa em que se define o objeto da decisão, o tempo que a reunião deverá ter e quem irá coordenar o processo. O ideal é que todo o processo esteja ancorado em regras sobre como se relacionar e o que esperar de cada participante. Essas regras devem ser relembradas no início de cada processo decisório.

2. Por que e para que fazer?
(Alinhamento quanto ao propósito)
Essa é uma etapa-chave, cuja aplicação levará a resultados mais consistentes. Para que ela ocorra, é necessário que haja um salto qualitativo em termos de consciência por parte dos gestores, e do significado sobre o que é uma decisão bem construída. Será que todos têm uma compreensão razoavelmente alinhada do "para que" estão ali? Quais as implicações e os riscos dessa decisão? Se bem realizada, essa etapa coloca todos os envolvidos voltados para uma mesma direção.

Contudo, geralmente é uma etapa sacrificada pela pressa, o que leva ao "curto-circuito" apresentado anteriormente. Caso as questões do "por que" e "para que" não estejam claras, tudo a partir daqui será confuso.

3. Como, quando e onde gostaríamos de fazer?
(Criação conjunta)
Quando se buscam soluções que sejam efetivamente implementadas com sucesso, essa é uma etapa vital. Para se formar uma imagem clara do que está ocorrendo, antes de tudo, é preciso estar certo de que o óbvio não existe. Aquilo que para alguém pode ser óbvio, para outra pessoa pode ser um absurdo. Esse é o momento de expor tudo que sabe a respeito da questão, os fatos, os sentimentos, as percepções mais subjetivas. Não sendo um processo linear, seguramente alguns elementos que não foram reconhecidos na fase de alinhamento podem ser trabalhados agora.

É quando fazemos o famoso brainstorm, e para tal há que se criar um ambiente sem prejulgamentos, que permita que se fale sem autocrítica e que acolha novas ideias e conceitos. É hora do chamado "pensamento divergente", de ampliar as percepções, de buscar uma visão 360° para a questão.

Temos de ter cuidado antes de tomar uma decisão com base em alguma das ideias brilhantes que podem ter sido formuladas; mesmo sendo genial, ela ainda poderá, com o tempo, ser lapidada e mais bem elaborada. É importante lembrar que as pessoas precisam de tempo para se apropriarem de um conceito novo.

Além do mais, devemos superar a percepção de que tal ideia é de fulano ou de cicrano. O ideal é que o autor seja reconhecido, mas sem esquecer que a ideia foi gerada e desenvolvida por todos. Jair Moggi usa a expressão "piramidar" para nomear esse momento, no qual se busca, em vez de discutir quem tem a melhor ideia, construir a partir de todas as ideias geradas, e poder ir além.

Tal processo, quando está seguindo um caminho bem-sucedido, é um tanto quanto caótico (como todo processo criativo), e às vezes caloroso, em que as pessoas se envolvem não só mentalmente, mas de corpo e alma. E pode ser, até mesmo, muito divertido.

4. Como, quando e onde é possível fazer? (Julgamento)
Deixamos a zona do caos e iremos agora adentrar a zona da ordem. Se antes se buscava o pensamento divergente, agora se busca o pensamento convergente para a avaliação do que é possível fazer.
Podemos dividir essa etapa em dois momentos distintos. O primeiro deve ser dedicado ao estabelecimento de quais critérios devem ser usados para definir se uma ideia é adequada ou não. Quem e o que a decisão irá afetar na empresa? A quais riscos se poderá ficar exposto? Vamos supor que se esteja decidindo sobre o lançamento de um novo produto. O critério, então, pode ser inovação e/ou confiabilidade, custo e/ou padrão de acabamento, margem e/ou participação de mercado, facilidade de ser produzido na própria fábrica ou terceirizar a produção, impacto ambiental, etc. Para cada questão, haverá uma gama de critérios específicos que devem ser considerados.
Uma vez definidos os critérios, devemos avaliar as ideias geradas na terceira etapa e verificar se elas se sustentam quando devidamente escrutinadas. É fundamental desapegarmos e olhar para cada ideia com o distanciamento que permita um julgamento isento.
Como o processo não é linear, os próprios critérios serão apurados conforme forem sendo utilizados, e é comum que, ao passar cada possibilidade pelo crivo desses critérios, emerjam novas soluções, que também devem ser submetidas à avaliação. Nesse julgamento é essencial sentir o pulso do grupo. Está havendo imparcialidade? As conversas estão sendo francas? Está se buscando o melhor para a empresa ou para determinadas áreas isoladamente? Está havendo flexibilidade? As ideias individuais estão sendo transformadas em ideias do grupo? Caso haja poucas respostas positivas às questões acima, será necessário voltar ao alinhamento inicial, em especial o "para que estamos aqui", antes de seguir adiante.

5. O que faremos? Quem fará? (Decisão)
Uma vez avaliadas as opções, é hora de decidir qual delas representa, à luz dos critérios estabelecidos, ser a mais adequada.
É importante que cada um possa ter espaço para manifestar sua percepção, sem interrupções, expondo os motivos para defender deter-

minada opção. Após todos falarem, devemos checar se alguém, com base nos argumentos apresentados, mudou de ideia. Caso ainda não haja consenso no grupo, devemos aprofundar a argumentação. Se os que se posicionam contrariamente forem minoria, é necessário pedir que explicitem o que lhes está incomodando. Pequenos ajustes na decisão podem atender a tais questões. Se ainda assim houver uma discordância, devemos solicitar o consentimento dessa pessoa para que o grupo possa seguir adiante na tomada de decisão.

É muito importante não cair na tentação da contagem de votos. Nenhuma empresa funciona sob uma democracia, mas, sim, sob um regime no qual o saber e a experiência, por um lado, e a ousadia e a inovação, por outro, devem ser considerados por cada um que esteja participando da decisão. Sempre que há contagem de votos, os que estão entre os "perdedores" usualmente não se sentem comprometidos com a decisão tomada, que passa a ser "um problema dos que venceram".

Finalmente, é o momento de se avaliar quem será responsável por implementar a decisão, buscando reconhecer que talentos e aptidões serão necessários, o que pode demandar uma ou mais pessoas. Deve-se levar em conta a maturidade, a aptidão técnica, a disponibilidade e o efetivo interesse de cada um. É importante que essa definição seja posterior às demais, para que não afete a qualidade da discussão, nem restrinja o seu alcance por conta de eventuais limitações ou restrições de ordem pessoal.

Terminada a reunião, é comum cada um sair correndo para cuidar dos afazeres, responder e-mails, etc. Porém, para que possamos reter o que foi aprendido durante a reunião, é fundamental fazer uma breve avaliação de como foi o processo e de como as coisas estão caminhando. O ritual descrito a seguir, com suas três etapas adicionais, fecha a reunião e permite a retenção da aprendizagem.

6. O "por que" / "para que" foi (foram) atendido(s)?
(Avaliação 1)

Devemos rever se o propósito da reunião foi atendido. A decisão foi satisfatória e criativa? Foram identificadas as causas do problema ou só se consideraram seus sintomas?

7. A forma como a decisão foi tomada foi satisfatória?
(Avaliação 2)
O processo em si foi saudável? As opiniões divergentes foram respeitadas? Todos participaram? Houve bons argumentos nas discussões? Alguma das decisões foi imposta ao grupo? Foi possível reduzir o peso da hierarquia na hora das discussões? Os horários combinados para a reunião foram respeitados?

8. O que foi aprendido? Celebração! (Avaliação 3)
Este é um passo simples, mas poderoso, pois, quanto mais claro for aquilo que se aprendeu no processo em si, maiores as chances de que nas próximas reuniões a tomada de decisão possa ser ainda mais aperfeiçoada e adotada em outras áreas da empresa. E celebrar a qualidade da reunião e a decisão construída reforçam o grupo como um todo.

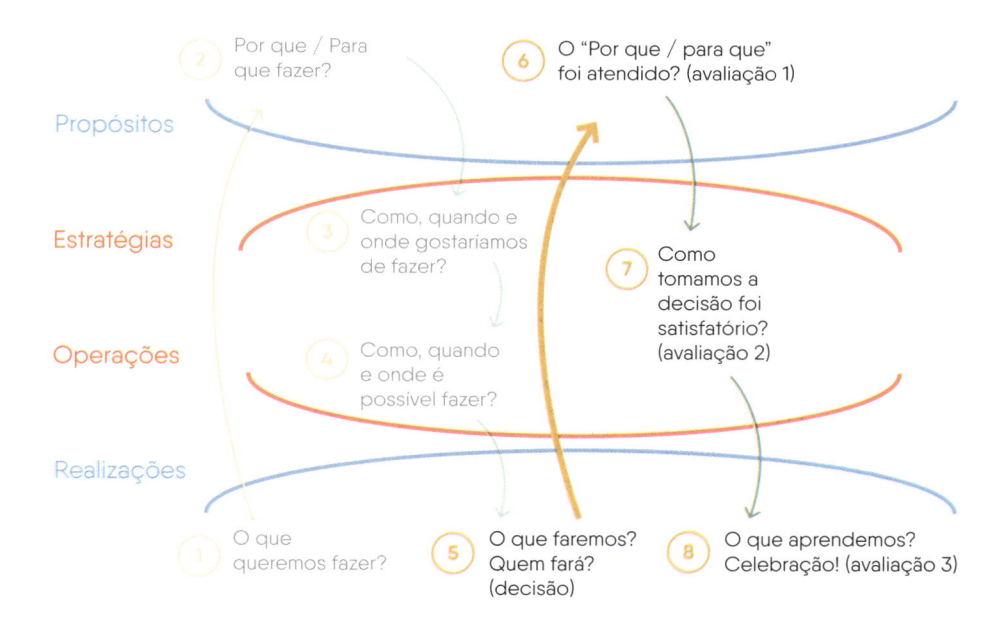

Figura 34. Processo decisório, avaliação.

Aspecto estrutural

Como dissemos anteriormente, há também um aspecto estrutural que, conforme Moggi e Burkhard explicam,[89] ocorre simultaneamente ao longo de todo o processo, em três diferentes dimensões: a dos Conteúdos, a das Interações e a dos Procedimentos, que estão diretamente correlacionadas com as dimensões humanas do pensar, do sentir e do querer.[90] Elas operam como as Forças Estruturantes no processo decisório a partir da Quintessência, e é fundamental que estejam em equilíbrio para que o mesmo possa ser elaborado de modo satisfatório. Vejamos:

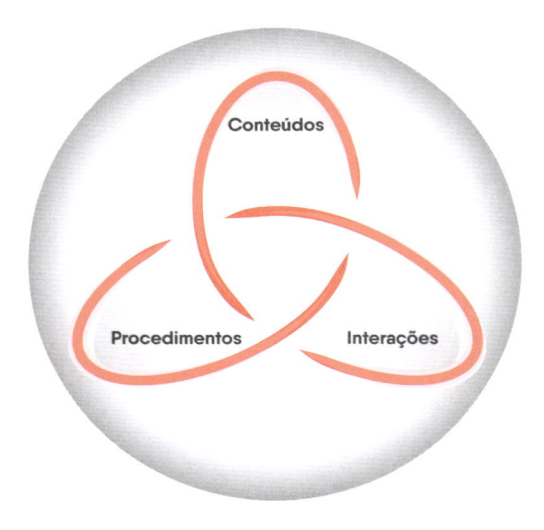

Figura 35. Dimensões estruturais no processo decisório.

a) Quanto aos Conteúdos (pensar)
Durante uma reunião, é comum irmos saltando de um ponto a outro, abrindo janelas de conversação, que podem levar o grupo a se perder. Já estive em diversas reuniões nas quais, de repente, alguém pergunta: "Mas do que estamos falando mesmo?". Nessas situações,

---

[89] Jair Moggi e Daniel Burkhard, *O capital espiritual da empresa*. São Paulo: Antroposófica, 2014, p. 129.
[90] Ver mais detalhes sobre esse conceito em "O pensar/o sentir/o querer", na seção Anexos.

é necessário um "freio de arrumação", para que todos possam parar e se reposicionar perante a pauta da reunião.

A pauta, além de servir de guia, se divulgada com antecedência, permite que as pessoas se preparem (afinal, um dos maiores problemas das reuniões é quando os participantes não estão preparados para o que será discutido).

b) Quanto às Interações (sentir)

Quanto maior o grupo que se reúne, maiores os desafios das interações. Manter a participação ativa é difícil quando existem conversas paralelas, pessoas acessando e-mails, ou até mesmo falando "baixinho" ao telefone. Será preciso explicar como tais interferências prejudicam o grupo e buscar definir com os presentes o que é aceitável ou não.

É importante que todos que puderem contribuir o façam da forma mais autêntica possível. Há que se preservar o espaço e também dar voz àqueles que são mais introspectivos ou que, eventualmente, sejam mais lentos na hora de se colocar, mas que trazem reflexões profundas e novos ângulos para as questões. Assim, é preciso estar atento para e dar atenção aos que estão calados, distantes (mesmo fisicamente) ou até irritados. Procurar ouvi-los pode trazer outras perspectivas à mesa e aumentar o grau de seu engajamento ao que for decidido.

As disputas individuais de poder são outro ponto crítico em uma reunião. Quanto mais velada for a disputa, pior será a questão. A busca por mais poder é algo natural, por isso, quanto mais consciente disso, menores serão os danos para uma saudável tomada de decisão.

c) Quanto aos Procedimentos (querer)

Ao entendermos a tomada de decisão como um processo, é fundamental que ele seja respeitado. Pode ser um processo como o que descrevi acima ou algum outro consentido pelo grupo, desde que não se deixe o encontro "correr solto", pois, além de confuso, será entediante.

Assim como a pauta ajuda na organização inicial, compartilhar as anotações realizadas, para todos verem o que está sendo construído, facilita a organização final (de preferência em um *flip-chart* ou na tela projetada do computador de quem estiver tomando as notas). É preciso redigir uma ata enxuta, que será enviada para todos após a reunião, especificando o que foi decidido e o que é esperado de cada participante. Acordos quanto ao que se espera das reuniões, no tocante a atitudes e postura e ao uso de equipamentos, como celular, tablet, notebook, etc., também são profiláticos.

Finalmente, é importante que todos os envolvidos conheçam o processo decisório por inteiro, mas caberá a quem liderar a reunião coordená-la e informar os demais sobre os encaminhamentos. Portanto, alguém terá que assumir o papel de guardião do processo, sendo validado pelo grupo em sua função. Essa pessoa deve estar atenta às cinco etapas do processo, aos três aspectos da dinâmica e zelar pelo processo de avaliação do encontro. Deverá também sustentar o foco da discussão, estimular as participações e manter-se o mais imparcial possível quanto às diferenças de opinião.

Um bom processo decisório pode ser intenso, duro, mas se for bem conduzido promoverá um ambiente sadio, sobretudo se for adotada a máxima: "Importa o que é o certo, e não quem está certo". Isso trará a harmonia necessária para que aquilo que foi decidido possa ser devidamente implementado. Se o que for decidido será de fato realizado, é impossível saber; mas o alinhamento de todos em relação a essa decisão aumentará bastante as chances de sucesso.

Conclusão

Como escreveu Fernando Pessoa:

Navegadores antigos tinham uma frase gloriosa:
"Navegar é preciso; viver não é preciso".

Em outras palavras: se quisermos viver, temos de navegar! E o espírito humano continua navegando em sua infindável busca por novos mundos. A nave pode ser a caravela que descobriu as Américas, o foguete Saturn que levou o homem à Lua, o navegador Chrome que nos permite viajar pela internet... Exploram-se os limites do universo das galáxias pelo Hubble, assim como os do universo dos micro-organismos pelos nanoscópios. Não só procuramos conhecer as ilimitadas fronteiras do universo físico, como também, e cada vez mais, buscamos compreender o universo sutil.

Há, nos maiores exploradores, a atitude comum da coragem; seja a coragem física para se lançar ao mar desconhecido, seja a coragem intelectual para desafiar as crenças vigentes. Outra característica é a ousadia de se imaginar capaz de fazer algo inédito. Mas, certamente, a maior das características é a de sonhar, dando sustentação aos seus propósitos.

A cada jornada, novos mapas são criados, registrando a passagem, acumulando os aprendizados e ampliando o mundo para os próximos exploradores. Na introdução deste livro trouxemos a imagem do Globo de Nuremberg, que retratava um mundo sem as Américas e a Oceania. Assim como no caso do explorador Martin Behaim, idealizador daquele globo, o importante é fazer o que se considera correto, trazendo alguma contribuição a partir de nossa peculiar jornada e com ela inspirar outros a irem além. O resto, só o tempo poderá julgar. E, com certeza, novos ajustes serão feitos e novas informações e experiências incorporadas às novas viagens!

Atualmente existem mapas virtuais e sistemas GPS de alta precisão que estão revolucionando o modo como nos deslocamos no mundo, possibilitando o que há alguns anos era inconcebível: basta programar um desses aplicativos que ele indicará como e por qual caminho seguir. Contudo, para os territórios sutis, como os das relações humanas e da gestão e governança de organizações, ainda não há nenhum sistema semelhante para nos guiar. Esse ainda é, e creio que será por muito tempo, um domínio exclusivamente humano, por não haver parâmetros do que seja o certo, mas apenas o que é mais adequado num dado contexto. A tarefa é traçar para os indivíduos, para o mercado e para a sociedade melhores mapas para tais territórios. Vale lembrar que, não por acaso, as mais bem-avaliadas empresas, hoje, são as que atuam com produtos do mundo virtual, um plano mais sutil que reconfigura e potencializa o uso dos bens materiais. Da mesma forma, cada vez mais empresários e executivos precisam saber lidar com os aspectos sutis e simbólicos para potencializar suas capacidades e com isso manter suas organizações num patamar diferenciado.

Espero, com este livro, contribuir para o mapeamento do universo organizacional, inspirando cada um a reavaliar as organizações quanto às suas dimensões e dinâmicas, integrando gestão e governança. E, ao estimular esse novo olhar, permitir que cada um reflita sobre que aspectos deve aprimorar para lidar com questões ainda inexploradas.

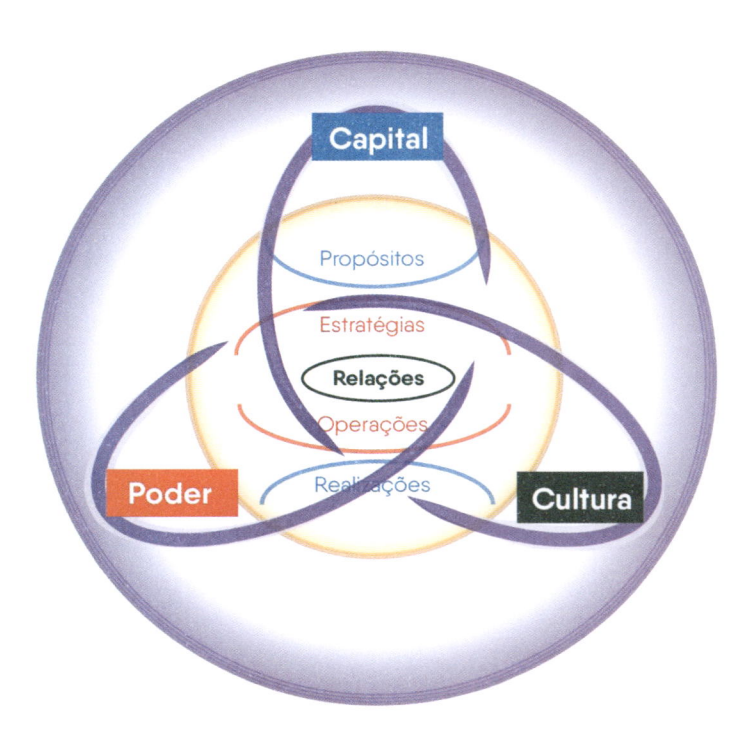

Figura 36. Quintessência: macrovisão.

CONCLUSÃO   157

A compreensão da Quintessência, como a de qualquer conceito arquetípico, dificilmente acontece de imediato, mas, sim, aos poucos, em camadas, à medida que vai sendo vivenciada, pois, antes de um conceito intelectual, é algo vivo. Quanto mais se mergulhar no conceito, mais ele irá revelar suas características, levando nosso pensar para questões pouco exploradas. O historiador norte-americano Richard Tarnas[91] alerta que não devemos buscar capturar os arquétipos, prendê-los em conceitos rígidos e estreitos, pois desse modo eles estarão mortos. Assim, espero que, ao final deste livro, a Quintessência esteja viva e pulsante em cada um dos leitores, para que ela possa ser percebida em sua plenitude nas organizações.

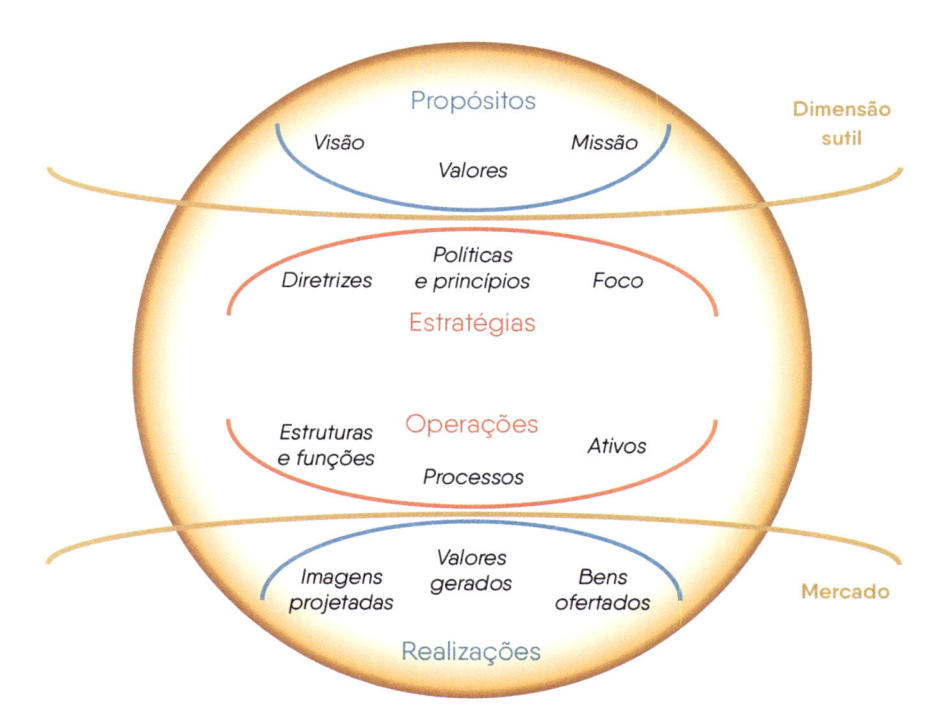

Figura 37. Quintessência: componentes do núcleo.

[91] Richard Tarnas, *Cosmos and Psyche: intimations of a New World View*. Nova York: Plume, 2006.

Anexos

Arquétipos

Dentre os conceitos, alguns se destacam e são chamados de metaconceitos, porque estruturam os demais. Ao longo deste livro, usamos alguns deles, conhecidos como arquétipos, que são importantes por ajudar a estruturar o olhar para as pessoas e as organizações. Para iniciarmos, observe a imagem abaixo:

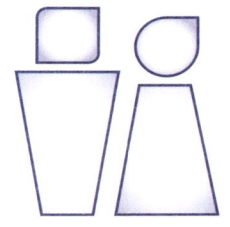

Se você fosse pensar em termos de masculino e feminino, como identificaria as figuras? Quando colocamos essa pergunta, praticamente todas as pessoas, de ambos os gêneros, afirmam que a figura da direita representa a mulher, e a da esquerda o homem. Nem precisamos refletir antes de responder, pois são conceitos arquetípicos que operam dentro de nós.

A palavra arquiteto tem a mesma raiz da palavra arquétipo. Um bom arquiteto é aquele que capta as intenções de quem quer construir algo – uma casa, por exemplo –, ouvindo as demandas objetivas e, sobretudo, as sutis, tais como desejos e sonhos. Ao fazer um projeto, o arquiteto usa seu lado racional, lógico, e seu lado intuitivo, artístico, para estruturar e dar forma a algo que antes eram só ideias. Sendo bem-sucedido, a reação de seu cliente será de uma agradável surpresa, como se o profissional tivesse conseguido expressar algo de que nem ele estava consciente. Mas um projeto ainda é uma abstração. Será necessário, posteriormente, chamar um engenheiro para colocar a casa em pé, fazendo os cálculos e avaliando quais materiais serão usados para que o que foi idealizado seja construído com segurança e beleza.

Da mesma forma, um conceito arquetípico nos oferece a estrutura que vamos preencher com nossas realidades concretas. É curioso observar que a reação das pessoas, quando entram em contato com um conceito arquetípico, é de familiaridade – porque é algo que já conheciam, ainda que de forma intuitiva –, e não como diante de um conceito novo, estranho.

Os gregos, por meio de seus mitos e tragédias, retrataram várias formas arquetípicas das relações humanas – como, por exemplo, entre pais e filhos em *Édipo Rei* e em *Deméter* e *Perséfone*. Tais mitos até hoje nutrem o trabalho de pensadores, filósofos, psicólogos e artistas diversos, como poetas, músicos, escritores, diretores de teatro e cineastas.

O escritor, poeta e filósofo alemão Johann Wolfgang von Goethe foi um dos precursores, na civilização ocidental, a buscar nos arquétipos um modo de decodificar os mistérios do mundo, concebendo-os como ideias universais que conferem coerência à natureza, entendida como "uma totalidade orgânica e viva, em profunda conexão com o mundo espiritual, e não como era em seu tempo, compreendida como um mecanismo frio e sem alma, constituído apenas de matéria em movimento".[92] Rudolf Steiner, dando continuidade e aprofundando o trabalho de Goethe, constatou que há movimentos arquetípicos em todo o processo de constituição do universo e que igualmente estão presentes no desenvolvimento dos seres humanos.

O trabalho de Carl G. Jung parte de uma percepção arquetípica para compreender elementos fundamentais da natureza humana. A partir da arte e do pensamento gregos, ele notabilizou-se por estudar de modo intenso os arquétipos, concluindo que estes fazem parte de uma herança comum, ancestral, compartilhada por todos os seres humanos. Segundo ele,

> [...] os arquétipos são os princípios fundamentais que governam a mente humana, formas simbólicas inatas e disposições psicológicas que inconscientemente estruturam e impelem o comportamento em âmbito individual e coletivo. Dão significado à experiência humana de acordo com certos padrões e formas atemporais: luz e escuridão; nascimento e morte; renascimento; o Herói; a Grande Mãe; a Criança; o Trapaceiro; a Sombra; bem e mal; Eros e Logos; feminino e masculino. [São semelhantes a] padrões autônomos de significado que nos tocam tanto física como psiquicamente, fazendo uma ponte entre nosso mundo interno e o mundo externo.[93]

---

[92] José Tadeu Arantes, *A obra científica do poeta Goethe*. Disponível em <http://galileu.globo.com/edic/100/con_goethe1.htm>.
[93] Richard Tarnas, *Cosmos and Psyche: intimations of a New World View*, cit., p. 57.

Arquétipos, portanto, são "conceitos" que estruturam o nosso olhar. Não são meros símbolos, mas imagens que temos interiorizadas e pelas quais interpretamos o mundo. Compreender os arquétipos é como olhar para as ondas do mar e perceber, sentir, as correntes marinhas e os ventos como poderosas, constantes e invisíveis forças em vez de tão somente a espuma, tênue e fugaz, em sua superfície.

O uso de imagens arquetípicas no universo organizacional possibilita compreender questões que há muito inquietam empresários, executivos e demais líderes, ajudando-os a gerir suas organizações de modo mais consciente e lúcido, ampliando sua compreensão sobre o assunto.[94] Afinal, em um mundo instável e em rápido processo de transformação, em que os referenciais externos quanto ao que é bom, belo e verdadeiro se deslocam de modo contínuo e permanente, as certezas são raras. Nesse contexto, o conhecimento profundo de conceitos arquetípicos pode ancorar nossa mente e alma durante a busca pelo real significado das coisas e da própria vida.

---

[94] Para mais informações sobre a aplicação dos arquétipos no mundo empresarial, recomendo a leitura do artigo de Jair Moggi, "Os arquétipos estão chegando...", *HSM Management Update*, nº 54, março de 2008.

O pensar / o sentir / o querer

A divisão do todo em três partes é arquetípica e está presente em toda a história do pensamento humano. Por exemplo, para os gregos as virtudes eram Bondade, Beleza e Verdade. Para os cristãos Deus é uma trindade composta pelo Pai, o Filho e o Espírito Santo. A própria divisão do tempo é trinária: passado, presente e futuro. O ser humano também é concebido, desde a antiguidade, como tendo três dimensões: corpo, alma e espírito; sendo o corpo dividido em cabeça, tronco e membros.

Buscando compreender a alma humana, Platão e Aristóteles caracterizavam os homens como tendo as faculdades do pensar, do sentir e do agir. No século V, Santo Agostinho percebia a existência do pensar, do sentir e do querer. Já Kant, no século XVIII, compreendia a mente como composta de três faculdades, denominadas conhecimento, sentimento e desejo". Em Freud temos a compreensão de que a psique humana seria constituída de ego, id e superego. Em Eric Bern, criador da Análise Transacional, o próprio ego tem três estados, que ele denominou de pai, adulto e criança.

Rudolf Steiner propôs, assim como Santo Agostinho, que a alma humana tem três dimensões: o pensar, o sentir e o querer, que por sua vez estão relacionadas a três sistemas:

- O *pensar* vincula-se ao sistema neurossensorial. "Composto fundamentalmente pelo sistema nervoso central e periférico e órgãos dos sentidos, incluindo a pele. Tem como características básicas a imobilidade, a temperatura mais baixa e a pequena capacidade de regeneração. Sua célula mais típica é o neurônio, extremamente especializado, que funciona em rede e não isoladamente. Do ponto de vista estrutural, o sistema neurossensorial está sediado na cabeça..."[95]
- O *querer* vincula-se ao sistema metabólico. Em total oposição ao sistema neurossensorial, ele é composto pelos órgãos situados no nosso abdômen, inclusive os sexuais, e os membros. "O calor e o movimento são suas características marcantes, além da habilidade de multiplicação e regeneração [...]. A estrutura óssea dos membros é totalmente oposta à da cabeça. Os ossos são longos e internos, com partes moles externas. Todos eles se articulam para assegurar a grande característica desse sistema: o movimento. Morfologicamente, na cabeça reina a ordem, no abdômen reina o caos".[96]

---

[95] Nilo E. Gardin e Rodolfo Schleier, *Medicina antroposófica e seus fundamentos*. Disponível em <http://www.sab.org.br/med-terap/art-Nilo-Rodolfo.htm>.
[96] *Ibidem.*

Pensar

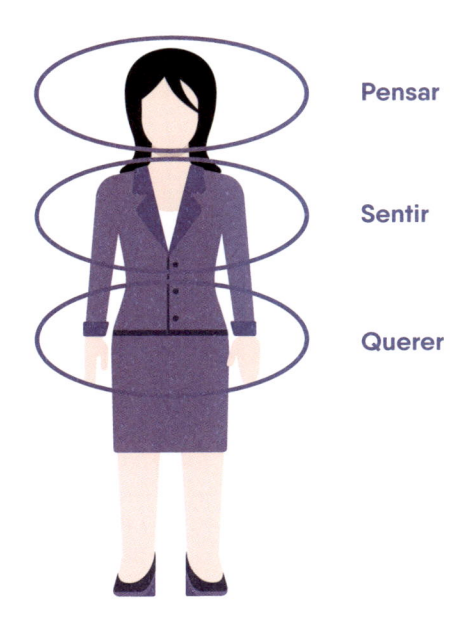

Sentir

Querer

- O *sentir* vincula-se ao sistema rítmico. "Entre sistemas polares dentro de um mesmo organismo, há a necessidade de mediação, de equilíbrio entre os opostos. Isso é feito pelo sistema rítmico, sediado no tórax – exatamente entre a cabeça e o abdômen. Coração, pulmões e toda a circulação sanguínea são os principais constituintes desse sistema. No sistema rítmico tudo funciona por meio de alternância entre os opostos, ou seja, contração e expansão, inspiração e expiração, sístole e diástole [...] O sistema rítmico deve promover a harmonia entre o que está acima (neurossensorial) e o que está abaixo (metabólico-locomotor), assim como o que está dentro (vida psíquica) e o que está fora (mundo externo)".[97] E, concretamente, os órgãos deste sistema são os únicos que podemos sentir, pelo tato e pelo som, em seu funcionamento. E, veja que curioso, há uma grande sabedoria dos poetas quando dizem que sentimos com o coração.

Recuperar o conceito das nossas três dimensões psíquicas é de extrema importância ao homem contemporâneo, pois nossa atual civilização, pautada pelo racionalismo, nos fez crer que nosso Eu é somente o nosso pensar, ou seja, como se uma de nossas dimensões tivesse "tomado o poder" sobre o todo. A gênese dessa percepção remonta a Descartes, expressa em sua famosa frase "penso, logo existo".

[97] *Ibidem.*

Felizmente somos mais do que nossa mente, pois sentimos e queremos também. Entretanto, com a valorização da razão, fazemos um esforço para racionalizar nossos sentimentos, tentando com isso silenciar nosso coração. Em *coaching* observo a enorme dificuldade das pessoas, em especial dos homens, de falarem o que sentem. Quando lhes pergunto a respeito, uma resposta típica é "eu acho que eu sinto…", ou seja, buscam no pensar a referência ao que sentem. Há uma clara falta de vocabulário para expressar seus sentimentos, que, independentemente disso, borbulham em seus peitos. Ao longo do processo, é comum irem ganhando repertório e, ao passarem a se observar de modo mais preciso, trazerem percepções mais elaboradas sobre si mesmos.

Cada uma das dimensões tem um papel bastante claro:
- O *pensar*, a princípio, tem como função básica analisar, tomar algo complexo, entender quais são as partes componentes do mesmo, perceber qual a ordem destes e qual a lógica que os conecta. (Há funções mais elaboradas, como o imaginar, o abstrair e criar que podem ser desenvolvidas.)
- O *querer*, caoticamente, quer. Dele emanam nossos impulsos e nossos desejos. Observe um bebê, ele simplesmente quer, pois ainda não desenvolveu seus outros centros. Se tem fome, seu querer se manifesta e ele chora, a plenos pulmões, avisando ao mundo da sua necessidade. O mesmo ocorre conosco. Nós não o controlamos, ele simplesmente acontece. O que faremos a partir disso será definido pela interação do querer com o pensar e especialmente do sentir.
- O *sentir*, recebendo os inputs dos centros vizinhos, faz a mediação entre os outros dois centros. O sentir, a partir da força que emana dos outros centros, nos permite buscar uma síntese diferenciada. Quanto mais nos desenvolvemos, mais conseguimos utilizar tais forças de modo consciente, criativo e autêntico.

Vejamos, a partir da cultura popular, algumas situações em que a atuação desses centros está sendo considerada. Por exemplo, geralmente, quando alguém está nervoso, pedimos para ela "esfriar a cabeça", pois sabemos que a cabeça só consegue fazer o que lhe é devido se não estiver "quente". Quando alguém se descontrola, e age de modo impulsivo, dizemos que ela "perdeu a cabeça", ou seja, foi governada pelo seu querer. Aliás, em seu livro *El camino y la montaña*, Marco Pallis nos lembra que a palavra paixão, em espanhol *pasion*, tem a mesma raiz de passivo. Ou seja, quem está governado por suas paixões está sendo conduzido pelo seu querer e pode fazer coisas sem sentido. Por outro lado, quando alguém decide tudo de modo racional, dizemos que ela é "fria e calculista", uma pessoa "sem coração". A justiça há muito sabe disso, tanto que aos crimes passionais (onde se está sob a égide do querer) é ministrado um tratamento diferenciado ao que é dado ao crime premeditado (onde impera o pensar).

Outro exemplo: quando falamos algo para uma pessoa e ela não leva o que foi dito em consideração, dizemos, apontando de uma orelha para a outra, que "entrou por aqui, saiu por ali". Ou seja, passou somente pela esfera do seu pensar. De fato, só fazemos algo com convicção se, além de o entendermos, fizer sentido, tocando o nosso coração. Aí então, o que foi dito mobilizará o nosso querer e faremos o combinado.

Temos um razoável acesso ao que pensamos, pouco ao que sentimos, e quase nada ao que queremos. Daí ser realmente complexo responder à aparentemente trivial pergunta: "mas o que você verdadeiramente quer". Só conseguiremos saber isso se silenciarmos nossas mentes. A partir daí, nessa serenidade, poderemos entrar em contato com nossos sentimentos e, por meio deles, captar os nossos mais profundos desejos. Porém, se não estivermos conscientes de nossos desejos profundos, eles nos governarão, e a mente, a reboque, racionalizará e justificará o que fizermos.

Quanto mais eu vivo, mais entendo que a verdadeira frase que capta a essência de nossa era é "penso, logo hesito", pois vejo pessoas cheias de dúvidas, medos, buscando ter certezas impossíveis de se ter, antes de agir. Se assim continuarmos, somente olhando o mundo a partir de nossa racionalidade básica, tendo o sentir atrofiado e o querer embotado, viveremos num mundo cada vez mais brilhante, porém mais árido, com homens mais lógicos e isolados.

Platão escreveu uma parábola para retratar o desafio de se manter uma vida equilibrada, na qual ele apresenta nossa alma como sendo uma biga cujo condutor deve saber lidar com dois cavalos alados. Podemos entender que um deles é a emoção (cavalo branco, mais dócil) e o outro, o desejo (cavalo negro, selvagem). O terceiro componente é a razão, que faz o papel de cocheiro. Ele precisará ter a mão firme para, conhecendo e respeitando os dois cavalos, trilhar de modo sadio a sua estrada. Viverá de forma justa e em harmonia.[98]

O desafio, portanto, é desenvolvermos as três dimensões de nossa alma, o *pensar*, o *sentir* e o *querer*, e mantê-las em equilíbrio ao longo de nossas vidas. Há diversos caminhos ligados a meditação, oração e observação que podem nos ajudar neste intuito. Qual será o seu?

---

[98] Platão, "Fedro", *Diálogos*, cit., seção 246b.

Bibliografia

BARRET, Richard. *Libertando a alma da empresa: como transformar a organização numa entidade viva*. São Paulo: Cultrix, 2000.

COLLINS, Jim C. e PORRAS, Jerry I. *Feitas para durar: práticas bem-sucedidas de empresas visionárias*. Rio de Janeiro: Rocco, 2007.

GARDIN, Nilo E. e SCHLEIER, Rodolfo. *Medicina antroposófica e seus fundamentos*, s.d. Disponível em http://www.sab.org.br/med-terap/art-Nilo-Rodolfo.htm.

INSTITUTO BRASILEIRO DE GOVERNANÇA CORPORATIVA. *Código das melhores práticas de governança corporativa*. 5ª ed. São Paulo: IBGC, 2015.

_____. *Caderno de governança corporativa: governança da família empresária*. São Paulo: IBGC, 2016.

JOHNSON, Barry. *Polarity Management: Identifying and Managing Unsolvable Problems*. Amherst: HRD Press, 2014.

KAHANE, Adam. *Poder & Amor: teoria e prática da mudança social*. São Paulo: Editora Senac São Paulo, 2010.

KAPLAN, Allan. *Artistas do invisível: o processo social e o profissional de desenvolvimento*. São Paulo: Instituto Fonte para o Desenvolvimento Social/Fundação Peirópolis, 2005.

LIEVEGOED, Bernard. *Rumo ao século XXI*. São Paulo: Antroposófica, 1997.

MATURANA, Humberto e DÁVILA, Ximena. *Habitar humano em seis ensaios de biologia cultural*. São Paulo: Palas Atena, 2009.

MOGGI, Jair e BURKHARD, Daniel. *Como integrar liderança e espiritualidade: a visão espiritual das pessoas e das organizações*. São Paulo: Elsevier, 2004.

_____. *O espírito transformador: a essência das mudanças organizacionais no século XXI*. São Paulo: Antroposófica, 2005.

_____. *O capital espiritual da empresa*. São Paulo: Antroposófica, 2014.

OSTERWALDER, Alexander e PIGNER, Yves. *Business Model Generation – Inovação em modelos de negócios: um manual para visionários, inovadores e revolucionários*. Rio Janeiro: Alta Books, 2011.

PLATÃO, "Fedro". *Diálogos*, vol. V. Pará: Universidade Federal do Pará, 1975.

PORTER, Michael E. *"What Is Strategy?"*. Harvard Business Review, 74 (6), nov.-dez. 1996.

SCHEIN, Edgar. *Princípios da consultoria de processos: para construir relações que transformam*. São Paulo: Fundação Peirópolis/Instituto Fonte para o Desenvolvimento Social, 2008.

SENGE, Peter SCHAMER, C. Otto JAWORSKI, Joseph e FLOWERS, Betty Sue. *Presença: propósito humano e o campo do futuro*. São Paulo: Cultrix, 2007.

STEINER, Rudolf. *A filosofia da liberdade*. São Paulo: Antroposófica, 2000.

_____. *Economia viva: o mundo como organismo econômico único*. São Paulo: Antroposófica, 1995.

SYNEK, Simon. *Por quê? – Como grandes líderes inspiram ação*. São Paulo: Saraiva, 2012.

TARNAS, Richard. *Cosmos and psyche: intimations of a new world view*. Nova York: Plume, 2006.

WALZBERG, Bernhard. *O executivo consultor: renasce uma empresa*. São Paulo: Barany, 2013.

WHEATLEY, Margaret. *Liderança e a nova ciência: descobrindo ordem num mundo caótico*. São Paulo: Cultrix, 2006.